Michael Vuturo

Effektive Gemeindeleitung

Auf der Suche nach den Gaben der Leitung

Edition EVAK

Bibliographische Information der Deutschen Nationalbibliothek

Die Deutsche Nationalbibliothek verzeichnet diese Publikation in der Deutschen Nationalbibliografie; detaillierte bibliografische Daten sind im Internet über http://dnb.dnb.de abrufbar.

ISBN 978-3-941750-74-6

© 2013: Michael Vuturo, EVAK

Herausgeber:
Richard Moosheer, Jonathan Mauerhofer, Kai Soltau, Armin Wunderli

Lektorat:
Claudia Böckle

Das Buch basiert auf der EVAK-Abschlussarbeit von Michael Vuturo

Evangelikale Akademie Österreich (EVAK), Beheimgasse 1, 1170 Wien, Austria
http://www.evak.at

VTR, Gogolstr. 33, 90475 Nürnberg, Germany

http://www.vtr-online.eu

Druck: Lightning Source

Edition EVAK

Band 1

2013

Herausgegeben im Auftrag der

Evangelikalen Akademie Wien

von Richard Moosheer (Rektor),

Jonathan Mauerhofer, Kai Soltau, Armin Wunderli

Mitarbeiter und Leiter müssen ausgebildet, ganzheitlich gefördert und trainiert werden. Sie haben Schlüsselpositionen und tragen große Verantwortung, darum müssen sie auf einem soliden Fundament stehen und für ihre vielfältigen Aufgaben befähigt sein.

Das unerschütterliche Fundament ist Gottes Wort, sein Reden, seine Wahrheit in einer Welt des Suchens, der Haltlosigkeit, der Leere, aber auch des Aufruhrs und der Rebellion.

Die Evangelikale Akademie (EVAK) unterstützt die Gemeinden in ihrer Verantwortung, Christen mit einer bibeltreuen theologischen Ausbildung für Dienst und Leiterschaftsaufgaben auszubilden.

Dabei strebt sie ein ausgewogenes Ineinander der drei Aspekte **biblisch fundiert**, **systematisch reflektiert** und **praktisch angewandt** an. Die an der EVAK geleistete Forschung zielt nicht nur auf die Darstellung erarbeiteter Erkenntnis ab, sondern auch auf eine gewinnbringende Vermittlung an die Leserschaft. So verfolgen die schriftlichen Arbeiten in erster Linie nicht einen streng wissenschaftlichen Ansatz, sondern einen zuletzt theologisch praktischen, wobei jedoch die allgemeinen Kriterien der wissenschaftlichen Praxis eingehalten werden.

Die Ergebnisse des Arbeitens der Lehrenden und Studierenden an der EVAK sollen in dieser Studienreihe einer breiteren Leserschaft zugänglich gemacht werden. Das kommt dem Anliegen der EVAK entgegen, die sich zum Ziel gesetzt hat, den Gemeinden in Österreich und darüber hinaus eine Hilfe und Unterstützung zu sein.

Die einzelnen Bände wollen einerseits theologische Erkenntnis fördern, andererseits die Herausforderungen in den österreichischen Gemeinden fokussieren und darin Hilfestellungen bieten. Selbstverständlich sind diese Ergebnisse auch für andere Länder interessant.

Hiermit legen wir nun den ersten Band der Studienreihe vor und wünschen allen Lesern und Leserinnen Gottes Segen,

Die Herausgeber

Zu diesem Band:

Nach intensiver Vorarbeit wurde an der Evangelikalen Akademie Wien von Juli 2011 bis Februar 2012 mittels eines Online-Fragebogens von Michael Vuturo (Initiator des Projektes), Jonathan Mauerhofer und Raphaela Mauerhofer die bisher größte quantitative Forschung innerhalb des Bundes Evangelikaler Gemeinden (BEG) durchgeführt. Manche der Ergebnisse werden von Michael Vuturo in diesem Buch aufgegriffen und interpretiert. Michael Vuturo gibt damit Einblick in die Situation der BEG-Gemeinden und möchte die **„Gabe der Leitungen" (1.Kor 12,28)** näher entschlüsseln, indem er „effektive Gemeinde" und „effektive Gemeindeleitung" definiert, analysiert und gegenüberstellt. Dabei ringt er um eine griffige Definition von „effektiver Gemeindeleitung", welche nicht nur für die BEG-Gemeinden zu gelten hat.

Inhaltsverzeichnis

1. **Einleitung** 5
    1.1. Forschungsfrage und Abgrenzung 5
    1.2. Begründung der Forschung 5
    1.3. Methodik der Studie 6
    1.4. Forschungsablauf und Ergebnis 7

2. **Biblischer Befund** 10
    2.1. Einleitung 10
    2.2. Die Verwendung von „kybernēseis" im Neuen Testament 10
    2.3. Die Verwendung von „kybernēseis" im Alten Testament 12
    2.4. Das Wortfeld „Leitung" in NT und AT 14
    2.5. Ergebnis 16

3. **Effektive Gemeinde** 18
    3.1. Einleitung 18
    3.2. Begriffsdefinition 18
    3.2.1. Der Begriff „Effektivität" 18
    3.2.2. Der Begriff „Gemeinde (Ekklesia)" 20
    3.2.3. Der Begriff „Gemeindewachstum" 23
    3.2.3.1. Qualitatives Wachstum 27
    3.2.3.2. Quantitatives Wachstum 29
    3.3. Zweck und Auftrag der Gemeinde 32
    3.3.1. Auftrag nach außen 33
    3.3.2. Auftrag nach innen 37
    3.3.3. Auftrag nach oben 40
    3.3.4. Zusammenfassung 43

4. **Effektive Gemeindeleitung** 45
    4.1. Einleitung 45
    4.2. Zweck und Auftrag von Leitung oder Führung 45
    4.2.1. Biblische Bedeutung 45
    4.2.2. Bedeutung in Non Profit Organisationen 46
    4.3. Begriffsdefinition 47
    4.3.1. Die Begriffe „Führung, Leitung, Management" 47
    4.3.2. Unterschied zwischen Leitung und Dienst 48
    4.4. Führungsaufgaben von Gemeindeleitung 49
    4.4.1. Vision und Auftrag 50
    4.4.2. Mitarbeiterführung 54
    4.4.3. Konfliktlösung 56
    4.4.4. Kommunikation 58
    4.4.5. Zusammenfassung 61

5. Schlussfolgerung und Ausblick 63
6. Nachwort: Und, was jetzt? 65
7. Abkürzungsverzeichnis 67
   7.1.   Abkürzungen biblischer Bücher 67
   7.2.   Allgemeine Abkürzungen 68
8. Literaturverzeichnis 70

1. Einleitung

1.1. Forschungsfrage und Abgrenzung

In dieser Arbeit wird der Frage nachgegangen, ob und in welcher Weise sich das Vorhandensein der sogenannten Gabe der Leitung (1Kor 12,28) innerhalb der Gemeindeleitung auf die Effektivität einer Ortsgemeinde auswirkt.

Die im Wort Gottes beschriebenen charakterlichen Eigenschaften von Leitern (1Tim 3; Tit 1,5-9; 1Petr 5,3) werden in dieser Arbeit vorausgesetzt und daher nicht im Detail beleuchtet. Die Organisation bzw. Struktur einer Gemeindeleitung, sowie das regionale, historische und kulturelle Umfeld einer Gemeinde wird nur insofern beachtet, als diese Einfluss auf die Aussagen über die Gabe der Leitung oder die Effektivität einer Gemeinde haben.

1.2. Begründung der Forschung

Seit zehn Jahren beschäftigt mich das Thema Gemeindeleitung in Zusammenhang mit Gemeindewachstum.[1] Aufbauend auf der Grundlage der Heiligen Schrift, und dem Versprechen, dass Jesus seine Gemeinde baut (Mt 16,18), stelle ich mir immer wieder die Frage, warum manche Gemeinden wachsen, manche stagnieren und andere nach einer gewissen Zeit wieder verschwinden. Dieses Phänomen ist nicht nur in den letzten zwei Jtd. der Kirchengeschichte bekannt, sondern auch unter den noch jungen evangelikalen Gemeinden Österreichs beobachtbar. Nach einer Zeit des großen Aufbruchs und einer kleinen Erweckung in Österreich Mitte des 20. Jhd, sieht man sich heute eher mit einer gewissen Stagnation des Gemeindewachstums konfrontiert. Wo liegen die Gründe dafür? Liegt es daran, dass Gott seinen Heiligen Geist „zurück hält", oder daran, dass die von Gott in die Gemeinde geschenkten Gaben nicht entsprechend entfaltet werden? Die Antwort auf diese Fragen hat meiner Ansicht nach unmittelbar etwas mit der Gabe der Leitung zu tun. Ich stelle die These auf, dass der verantwortungsvolle Einsatz dieser Gabe der Leitung, nach Gottes Willen, zu erfolgreicher[2] Leitung führt und erfolgreiche Leitung auf die Entfaltung der Gabe der Leitung zurück zu führen ist.

Aus dieser Motivation heraus möchte ich Prinzipien der Leitungsgabe empirisch erheben und für die Gemeindearbeit in Österreich nutzbar machen. Somit kann diese Forschungsarbeit einen Beitrag dazu leisten, dass evangelikale Gemeinden in Österreich nach dieser Gabe Ausschau halten und Impulse für ein gesundes Gemeindewachstum bekommen.

---

[1] Was genau unter Gemeindewachstum zu verstehen ist, wird in Pkt. 3.2.3 ausgeführt.
[2] Wie Erfolg im biblischen Sinne zu verstehen ist, wird in Pkt. 3. und 4. beschrieben.

1.3. Methodik der Studie

Im ersten Teil der Arbeit soll eine Aufarbeitung des Themas durch Literaturrecherche geschehen. Zu Beginn steht dabei der biblische Befund, der den Rahmen dieser Arbeit definiert. Danach erfolgt die Aufarbeitung und Auswertung christlicher Fachliteratur in Zusammenhang mit Leitungsfragen und Gemeindebaufragen. Der Fokus soll dabei auf Prinzipien guter Leitung und ihrer unmittelbaren Auswirkung auf die Effektivität von Gemeinden gelegt werden. Da in christlicher Literatur kaum Messungen über „erfolgreiche Leitung" existieren, soll auch weltliche Literatur aus dem Bereich Leitung in Non Profit Organisationen[3] diskutiert werden. In diesem Teil der Arbeit wird auch der Begriff „Effektivität" von Gemeinden erläutert. Der letzte Teil der Arbeit widmet sich einigen Prinzipien effektiver Leitung.

In der Literatur finden sich viele Prinzipien guter und effektiver Leitung, sowie die Festlegung und Abgrenzung von wichtigen Problemfeldern. Allerdings werden diese Ausführungen kaum durch empirische Belege nachgewiesen bzw. dokumentiert. Nach Antje-Silja Tetzlaff (2003) haben nur Odom/Boxx und Schwarz empirische Forschungen im Bereich erfolgreiche Gemeindeleitung vorgenommen.[4] 2009 und 2010 veröffentlichte Willow Creek sehr hilfreiche Studien im Bereich „geistliches Wachstum" von Christen. In Österreich wurde meines Erachtens eine derartige Studie noch nicht durchgeführt, weshalb hier Neuland betreten wird. Einige Messinstrumente wurden in der vorliegenden Studie neu definiert und festgelegt. Die zukünftige Forschung kann darauf aufbauen und sie weiterentwickeln.

Untersucht werden nur Mitglieds- und Beobachtergemeinden des Bundes Evangelikaler Gemeinden in Österreich, die länger als fünf Jahre bestehen und mindestens zwanzig Mitglieder haben. Der BEGÖ besteht seit 1992 und ist seit 1998 in Österreich als religiöse Bekenntnisgemeinschaft eingetragen und anerkannt. Er besteht aus 43 Mitglieds- und sechs Beobachtergemeinden.[5]

Die Forschung erfolgt durch anonymisierte Onlinebefragung der Gemeindeglieder der BEGÖ Mitgliedsgemeinden, wobei zusätzlich zur österreichweiten Gesamtauswertung für jede teilnehmende Gemeinde Einzelergebnisse ermittelt werden. Damit wird versucht die Effektivität der Gemeinden und deren Leitung zu messen. Effektivität zeigt sich in Form von qualitativem und quantitativem Wachstum. Quantitatives Wachstum wird durch statistische Werte ermittelt. Qualitatives Wachstum wird

---

[3] Non Profit Unternehmen sind weltliche Organisationen, die in Bezug auf Leitungsfragen mit der Gemeinde Gottes vergleichbar sind.

[4] Vgl.: Tetzlaff Antje-Silja, Führung in der evangelischen Kirche – eine empirische Studie in evangelischen Gemeinden, in Weber, Jürgen/Kunz Jennifer (Hrsg.), Empirische Controllingforschung, Wiesbaden (Deutscher Universitäts-Verlag GmbH) 2003; Odom/Boxx und Schwarz führten ihre Untersuchungen in freikirchlichen Gemeinden durch. Tetzlaff untersuchte, welche Faktoren den Erfolg kirchlicher Arbeit in der evangelischen Kirche Deutschlands beeinflussen und in welchem Ausmaß Controlling-Instrumente bereits genutzt werden.

[5] Stand 2012.

durch die Onlinebefragung mittels standardisierter Fragebögen der Gemeindeglieder gemessen. Die Anregungen für diese Befragung stammen aus der REVEAL-Studie über Gemeindeleben und geistliches Wachstum von Willow Creek.[6]

An dieser Stelle sei erwähnt, dass der Begriff „effektive Gemeinde" im Kontext eines freikirchlichen Bibel- und Gemeindeverständnisses verwendet wird. In anderen christlichen Kirchen und Religionsgemeinschaften kann dieses Verständnis abweichen, weshalb Ziele und Effektivitätsparameter anders zu definieren wären. Dementsprechend können Schlussfolgerungen dieser Arbeit nicht automatisch in einen anderen Gemeindekontext übertragen werden.

1.4. Forschungsablauf und Ergebnis

Nach fast zweijährigem intensivem Literaturstudium wurde von Juli bis September 2011 der für die Untersuchung notwendige Fragebogen entwickelt. Es folgte eine Testphase, um die Fragen und Antworten auf Verständlichkeit und Eindeutigkeit zu prüfen. Danach wurde der Fragenbogen mehrmals überarbeitet, im Oktober 2011 auf einem Webportal installiert und einer Gemeinde zur Probe freigeschaltet. Da dieser Test sehr brauchbare, logisch nachvollziehbare Daten lieferte, wurde die Online-Umfrage im November 2011 allen teilnehmenden Gemeinden zur Verfügung gestellt. Jede Gemeinde erhielt eigene Zugangsdaten, so dass trotz Anonymisierung einzelne Gemeindeergebnisse ermittelt werden konnten. Die Teilnahme an der Online-Umfrage war bis Ende Februar 2012 möglich. Ab März 2012 erfolgte eine umfangreiche Auswertung und Analyse der Umfragedaten.

Aus dem BEGÖ wurden 38 Gemeinden, von Wien bis Vorarlberg, ausgewählt und sowohl telefonisch als auch per Email kontaktiert. Fremdsprachige und sehr kleine Gemeinden bzw. Gemeindegründungsprojekte fanden keine Berücksichtigung. Neun dieser Gemeinden beteiligten sich nicht an der Umfrage. Sechs davon reagierten trotz mehrmaligen Mailkontaktes nicht, so dass eine Begründung für die Ablehnung nicht erkennbar war. Zwei Gemeinden lehnten die Teilnahme aufgrund fehlender zeitlicher Ressourcen ab, eine Gemeinde aus theologischen Gründen. Von den 29 teilnehmenden Gemeinden konnten drei Gemeinden nur eine geringe Anzahl von Personen zur Beantwortung des Fragebogens motivieren, so dass letztlich 26 Gemeinden in den Ergebnissen Berücksichtigung fanden. Die Gemeindegrößen lagen zwischen 30 und über 100 Gemeindegliedern, die Beteiligungsquoten zwischen 25 Prozent und 60 Prozent.

Insgesamt haben 578 Personen den aus 42 Fragen bestehenden Onlinefragebogen vollständig ausgefüllt, was einer Beteiligungsquote von ca. 40 Prozent aller teil-

---

[6] Prüfen – Aufrüttelnde Erkenntnisse der Reveal-Studie, Greg L. Hawkins und Cally Parkinson, 1. Auflage (Gerth Medien GmbH) 2009. Diese Studie hat mich dazu inspiriert, eine ähnliche Forschung in Österreich durchzuführen.

nehmenden Gemeinden entspricht. Gleichzeitig wurden statistische Werte, wie z.B. das Bekehrungswachstum einer Gemeinde, erhoben.

Neben einer österreichweiten Gesamtauswertung wurde, unter Berücksichtigung der Ausführungen unter Pkt. 3.3.4, jede einzelne teilnehmende Gemeinde ausgewertet und analysiert. Es sei ausdrücklich darauf hingewiesen, dass kein idealtypischer Maßstab, ein Idealwert, aufgestellt wurde, sondern alle beteiligten Gemeinden miteinander verglichen wurden. Jeder Antwort wurde ein Zahlenwert zwischen null und zehn hinterlegt und für jede Gemeinde ein Gesamtpunktewert ermittelt. Entsprechend der Gesamtpunktewerte wurden die Gemeinden auf die Plätze eins bis 26 gereiht. Die 42 Fragen, 23 personenbezogene und neunzehn gemeindebezogene, wurden sechzehn verschiedenen Bereichen, wie z.B. Gebet, Bibel, Seelsorge, Stille usw., zugeordnet. Danach erfolgte eine Einteilung dieser sechzehn Bereiche zu den drei Aufträgen, nach außen, nach innen und nach oben. Sowohl in jedem Auftrag als auch in jedem Bereich wurde ein Gesamtdurchschnittswert berechnet.

Aufgrund der Ergebnisse geschah eine Einteilung der teilnehmenden Gemeinden in die drei Kategorien A, B und C. Jeweils sechs Gemeinden wurden der Kategorie A und C zugeordnet, die restlichen Gemeinden der Kategorie B. Die sechs Gemeinden der KAT A stellen die effektiven, die KAT C die wenig effektiven und die KAT B die durchschnittlich effektiven Gemeinden dar. Die Anzahl von sechs Gemeinden wurde frei festgelegt, da diese Menge eine sinnvolle statistische Größe mit ausreichendem Datenmaterial lieferte.

Ob eine Gemeindeleitung effektiv ist wurde im Rahmen dieser Arbeit nicht nach externen Bewertungsmaßstäben definiert, sondern aus der internen Beurteilung der Befragten. Dazu lieferte die Frage „So bewerte ich die Leitung in unserer Gemeinde" die nötigen Daten. Je mehr Personen ihre Gemeindeleitung mit „Sehr gut" beurteilten, umso effektiver wurde die Gemeindeleitung bewertet. Österreichweit fällt diese Bewertung sehr positiv aus. Die Grafik zeigt, dass 76 Prozent der Befragten ihrer Leitung ein gutes Zeugnis ausstellen. Nur sechs Prozent antworteten mit „Eher schwach", achtzehn Prozent mit „Mittelmäßig".

So bewerte ich die Leitung in unserer Gemeinde:

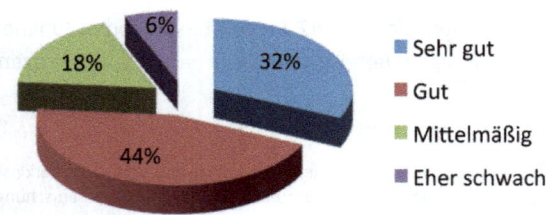

Da der Antwortteil „Eher schwach" ein kleines Segment darstellt, wurden für die Analysen im Kapitel Gemeindeleitung die beiden letzten Antwortkategorien zu einer „mittelmäßig/schwach" Kategorie zusammengefasst, um aussagekräftigere Ergebnisse zu erhalten. Trotzdem verbleiben deutliche Abweichungen zu „Sehr gut".

Am Ende verblieb zu überprüfen, ob effektive Gemeinden, nämlich jene der KAT A, bessere Leitungsbewertungen erhielten als Gemeinden der KAT C und in welchen konkreten Gemeindeleitungsaufgaben sich diese Unterschiede manifestieren. Im Ergebnis zeigt sich, dass Gemeinden der KAT A auch die besten Leitungsbewertungen erhielten. Damit ist die Hypothese bestätigt, dass „effektive Gemeinden" auch „effektive Gemeindeleitungen" haben. Die Verknüpfung beider Bereiche ist nachgewiesen.

2. Biblischer Befund

2.1. Einleitung

Zu Beginn soll der Begriff aus 1Kor 12,28 κυβερνήσεις, *kybernēseis*, der im Allgemeinen mit der Gabe der Leitung in Zusammenhang gebracht wird, in seiner Verwendung im NT und AT untersucht werden. Danach erfolgt, unter Angabe der Bibelstellen, eine Auflistung jener Wörter, die dem Wortfeld[7] des deutschen Begriffes „Leitung" zugeordnet werden können.

2.2. Die Verwendung von „*kybernēseis*" im Neuen Testament[8]

1Kor 12,28: „Und die einen hat Gott in der Gemeinde eingesetzt erstens als Apostel, zweitens <andere> als Propheten, drittens als Lehrer, sodann <Wunder>Kräfte, sodann Gnadengaben der Heilungen, Hilfeleistungen, **Leitungen**, Arten von Sprachen." (REB)

Paulus verwendet an dieser Stelle, wo er von geistlichen Gaben spricht, das Wort „κυβερνήσεις, *kybernēseis*" (Nomen, Plural, weiblich, Akkusativ). Der Textvergleich mit anderen deutschen Bibeln zeigt folgendes Ergebnis:

V.: 28: „Und Gott hat in der Gemeinde eingesetzt erstens Apostel, zweitens Propheten, drittens Lehrer, dann Wundertäter, dann Gaben, gesund zu machen, zu helfen, **zu leiten** und mancherlei Zungenrede." (LU84)

V.: 28: „So hat Gott in der Kirche die einen als Apostel eingesetzt, die andern als Propheten, die dritten als Lehrer; ferner verlieh er die Kraft, Wunder zu tun, sodann die Gaben, Krankheiten zu heilen, zu helfen, **zu leiten**, endlich die verschiedenen Arten von Zungenrede." (EÜ 2)

V.: 28: So hat Gott in der Gemeinde allen ihre Aufgabe zugewiesen. Da gibt es erstens die Apostel, zweitens die, die prophetische Weisungen erteilen, drittens die, die zum Lehren befähigt sind. Dann kommen die, die Wunder tun oder heilen können, die Dienste oder **Leitungsaufgaben** übernehmen oder in unbekannten Sprachen reden." (GNB)

V.: 28: „... und zwar hat Gott in der Gemeinde eingesetzt erstens die einen zu Aposteln, zweitens (andere) zu Propheten (oder: geisterfüllten Predigern), drittens (noch andere) zu Lehrern; sodann Wunderkräfte, sodann Gaben der Heilungen, Hilfeleistungen, **Verwaltungsgeschäfte**, mancherlei Arten von Zungenreden." (Menge)

---

[7] Unter Wortfeld versteht man eine Gruppe von sinnverwandten Wörtern einer Sprache.
[8] Hervorhebungen durch den Verfasser.

V.: 28: „Und als solche hat euch Gott in der Gemeinde zum einen als Apostel eingesetzt, zum andern als Propheten, zum dritten als Lehrer. Dann kommen die Wunderkräfte, die Heilungsgaben, die Hilfeleistungen, die **Leitungsaufgaben**, verschiedene Arten von Zungenrede." (ZB 2007)

V.: 28: „Und Gott hat gesetzt in der Gemeinde aufs erste die Apostel, aufs andre die Propheten, aufs dritte die Lehrer, darnach die Wundertäter, darnach die Gaben, gesund zu machen, Helfer, **Regierer,** mancherlei Sprachen." (LU 1912)

V.: 28: „Und die einen setzte Gott in der Gemeinde erstens zu Aposteln, zweitens zu Propheten, drittens zu Lehrern, dann (Wunder)kräfte, dann Gnadengaben zu Heilungen, Hilfeleistungen, **Führungsgaben**, Arten von Zungen(rede)." (MNT)

Κυβερνήσις, kybernēsis (Nominativ) ist ein *hapax legomenon*[9] und kommt im NT nur an dieser Stelle vor. Κυβερνήτης, *kybernētēs* findet im NT noch zweimal Verwendung und wird in REB mit Steuermann übersetzt. (Apg 27,11; Offb 18,17)

Wortbedeutungen von κυβερνήσις

- Steuerung, Führung, Leitung; von *kybernao* (ein Schiff) steuern.[10]
- Leitung; Plural beweise d. Fähigkeit zur Führung in der Gemeinde.[11]
- *Kybernēsis* ist Substantiv zu *kybernao*. Dies heißt ein Schiff steuern, lenken.

„Demgemäß ist *kybernētēs* der Steuermann. So z.b., wie der Zshg eindeutig zeigt, Apg 27,11 und Apk 18,17. Die Klarheit des Bildes von der Tätigkeit eines Steuermanns legte es früh nahe, den Begriff in übertragenem Sinn etwa für den Staatsmann zu verwenden [...] Von der wörtlichen Bedeutung ebenso wie von dem vorstehenden Sprachgebrauch her wird deutlich, was es heißt, wenn Paulus 1Kor 12,28 unter den Gnadengaben, die Gott Einzelnen in der Kirche gibt, [...] auch *kybernēseis* nennt. Es kann sich hier nur um die besonderen Gaben handeln, die einen Christen fähig machen, seiner Gemeinde als Steuermann, als rechter Leiter ihrer Ordnung und damit ihres Lebens zu dienen."[12]

---

[9] Ein Wort, das in einem Textkörper nur ein einziges Mal vorkommt.
[10] Hebrew-Greek Key Studie Bible, hrsg. von Spiros Zodhiates; Lexikonteil und grammatische Erklärungen der Elberfelder Studienbibel mit Sprachschlüssel.
[11] Bauer Walter; Griechisch-deutsches Wörterbuch, 6. völlig neu bearbeitete Auflage, New York (Walter de Gruyter) 1988, 927.
[12] Kittel Gerhard; Theologisches Wörterbuch zum Neuen Testament, Band III, Stuttgart (Verlag von W.Kohlhammer) 1938, 1034ff.

The ability to lead – 'guidance, leadership'. 'the gift of leadership' may be expressed in some languages as 'being able to lead others' or 'being able to get others to follow'.[13]

2.3. Die Verwendung von „*kybernēseis*" in der Septuaginta[14]

In der Septuaginta (LXX)[15] findet *kybernēsis* dreimal Verwendung als Übersetzung von תַּחְבֻּלוֹת *taḥəbulōwt* – Lenkung, Führung, Steuerung.

Spr 1,5

„Der Weise höre und mehre die Kenntnis, und der Verständige erwerbe **weisen Rat**". (REB)

„Der Weise höre und vermehre sein Wissen, der Verständige lerne **kluge Führung**". (EÜ2)

„Auch der Weise möge sie vernehmen, um an Wissen zuzunehmen, und der Verständige möge sich (durch sie) **Lebensklugheit** aneignen". (Menge)

„hörs der Weise und mehre Vernunft, der Verständige, **Lenkungskünste** erwerb er". (B/R)

Spr 11,14

„Wo es an **Führung** fehlt, kommt ein Volk zu Fall, doch <kommt> Rettung durch viele Ratgeber". (REB)

„Wenn keine **umsichtige Leitung** da ist, kommt ein Volk zu Fall; gut aber steht's, wenn Ratgeber in großer Zahl da sind". (Menge)

„Ohne **Lenkung** verfällt ein Volk, Befreiungssieg wird, wo viel Ratgebung ist". (B/R)

Spr 24,6

„denn mit **Überlegung** soll man Krieg führen, und wo viele Ratgeber sind, da ist der Sieg". (LU 84)

---

[13] Nida Eugene A. & Louw Johannes P.: Greek-English Lexicon of the New Testament based on Semantic Domains, New York: (United Bible Societies) 1996.
[14] Hervorhebungen durch den Verfasser.
[15] Griechische Übersetzung des AT.

„Denn mit **weiser Überlegung** führst du deinen Krieg, und Rettung <kommt> durch viele Ratgeber". (REB)

„denn mit **klugen Maßnahmen** wirst du den Krieg glücklich führen, und der Sieg ist da, wo Ratgeber in großer Zahl vorhanden sind". (GNB)

„Denn mit **Lenkungskunde** führst du deinen Kampf aus, Befreiungssieg wird, wo viel Ratgebung ist". (B/R)

Im hebräischen Text (BHS) wird תַּחְבֻּלוֹת *taḥbulōwṯ* noch an drei weiteren Stellen gebraucht.

Hiob 37,12 (Elihu erinnert Hiob an Gottes Macht; es geht um die Wolken, die Gott steuert)

„Und das <zieht> ringsumher, sich hin und her wendend nach seiner **klugen Steuerung**, um auszuführen alles, was er ihnen gebietet, über der Fläche des Erdkreises". (REB)

„Sie ziehen hin und her, wie er sie **lenkt**, um alles, was er gebietet, zu wirken auf dem Kreis der Erde". (EÜ 2)

„die wenden sich dann unter seiner **Leitung** hierhin und dorthin, um alles, was er ihnen gebietet, auszurichten auf dem ganzen weiten Erdkreise". (Menge)

„und die dreht sich rundum: seiner **Steurung** gemäß, daß sie wirken alles, was er ihnen gebietet, übers Antlitz des Runds hin, zur Erde". (B/R)

Spr 12,5

„Die Gedanken der Gerechten sind Recht, die **Überlegungen** der Gottlosen sind Betrug". (REB)

„Die Gedanken der Gerechten trachten nach Recht, die **Pläne** der Frevler sind auf Betrug aus". (EÜ 2)

„Die Pläne der Bewährten sind Gerechtigkeit, die **Lenkungskünste** der Frevler sind Trug". (B/R)

Spr 20,18

„Pläne kommen durch Beratung zustande, und mit **weiser Überlegung** führe Krieg!" (REB)

„Durch Beratung kommen Pläne zustande; und mit **Überlegung** führe Krieg". (ZB 2007)

„Pläne kommen zum Ziel, wenn man sich recht berät; und Krieg soll man mit **Vernunft** führen". (LU 84)

„Planen festigt sich durch Rat, mit **Lenkungskunde** führe drum Krieg". (B/R)

All diese Verwendungen im AT zeigen im Ergebnis, dass Leitung etwas mit Weisheit zu tun hat. Es geht dabei um Weisheit, die von Gott kommt und nicht um die Weisheit der Welt. König Salomo hat sich von Gott Weisheit erbeten, damit er das Volk Gottes gut regiere und das Gute vom Bösen zu unterscheiden versteht. (1Kö 3,9) „Und das Wort war gut in den Augen des HERRN, daß Salomo um diese Sache gebeten hatte. Und Gott sprach zu ihm: Weil du um diese Sache gebeten hast und hast dir nicht viele Tage erbeten und hast dir nicht Reichtum erbeten und hast nicht um das Leben deiner Feinde gebeten, sondern hast dir Verständnis erbeten, um auf das Recht zu hören, siehe, so tue ich nach deinen Worten. Siehe, ich gebe dir ein weises und verständiges Herz, so daß es vor dir keinen wie dich gegeben hat und nach dir keiner wie du aufstehen wird." (1Kö 3,10-12)

2.4. Das Wortfeld „Leitung" in NT und AT

Da *kybernēsis* nur ein einziges Mal im NT genannt wird, soll die nachfolgende Zusammenstellung dabei helfen, ein umfangreicheres Verständnis für den Begriff Leitung zu bekommen, ohne dabei einen Anspruch auf Vollständigkeit zu erheben. Die zuerst aufgelisteten sinnverwandten deutschen Wörter werden in ihrer griechischen Bedeutung für das NT und in ihrer hebräischen Bedeutung für das AT durch die Angabe der Bibelstelle und der Häufigkeit ihres Vorkommens angeführt. Begriffe wie Älteste, Aufseher, Hauptmann, Herrscher, herrschen, beherrschen und regieren werden bewusst nicht berücksichtigt, da die häufige Verwendung in NT und AT den Rahmen dieser Arbeit sprengen würde und zur Aufhellung des Begriffes *kybernēsis* wenig beizutragen haben.

Biblischer Befund

Untersuchte sinnverwandte Wörter von Leitung im NT und AT:

Lenken, leiten, steuern, verwalten, anführen, vorstehen, hüten.

Griechisch	Deutsche Übersetzung REB	Bibelstellen Nestle-Aland	Anzahl
ἡγέομαι, hēgeomai	Führer, Regent, führend	Mt 2,6; Lk 22,26; Apg 7,10; 15,22; Hebr 13,7; 13,13; 13,24;	7
προΐστημι, proistēmi	vorstehen	Röm 12,8; 1Thess 5,12; 1Tim 3,4; 3,5;3,12; 5,17;	6
ποιμαίνω, poimainō	hüten	Mt 2,6; Lk 17,7; Joh 21,16; Apg 20,28; 1Kor 9,7; 1Petr 5,2; Offb 2,27; 7,17; 12,5; 19,15;	10
ὁδηγός, hodēgos, ὁδηγέω, hodēgeō	Führer, Leiter, leiten, anleiten	Mt 15,14; 23,16; 23,24; Lk 6,39; Apg 8,31; Röm 2,19;	6
μετάγω, metagō	lenken, steuern	Jak 3,3; 3,4;	2
πρωτοστάτης, prōtostatēs	Anführer	Apg 24,5	1
προηγέομαι, proēgeomai	vorangehen, anführen	Röm 12,10	1
ἐπίτροπος, οἰκονόμος epitropos, oikonomos	Verwalter	Mt 20,8; Lk 8,3; 12,42; 16,1; 16,3; 16,8; 1Kor 4,1; 4,2; Gal 4,12; Tit 1,7; 1Petr 4,10	11

Hebräisch	Deutsche Übersetzung in REB	Bibelstellen in BHS	Anzahl
נחה nāhāh	führen, leiten, lenken	1Mo 24,27; 24,48; 2Mo 13,17; 13,21; 15,13; 32,34; 4Mo 23,7; 5Mo 32,12; 1Sa 22,4; 1Kö 10,26; 2Kö 18,11; Neh 9,12; 9,19; Hi 12,23; 31,18; 38,32; Ps 5,9; 23,3; 27,11; 31,4; 43,4; 60,11; 61,3; 67,5; 73,24; 77,21; 78,14; 78,53; 78,72; 107,30; 108,11; 139,10; 139,24; 143,10; Spr 6,22; 11,13; 18,16; Jes 7,2; 57,18; 58,11;	40
קָצִין qāzîn	Anführer	Jos 10,24; Ri 11,6; 11,11; Spr 6,7; Jes 1,10; 3,6; 3,7; 22,3; Mi 3,1; 3,3;	10

Im hebräischen AT Text gibt es noch zahlreiche Stellen, die Vorsteher, Fürsten, Regenten usw. nennen. Hilfreiche Hinweise auf die Frage der Bedeutung von *kybernēsis* geben sie allerdings nicht. Auch die im NT o.a. Synonyme erhellen die Bedeutung von *kybernēsis* nicht wesentlich.

2.5. Ergebnis

Trotz der Vielzahl sinnverwandter Wörter von Leitung scheint eine genaue Beschreibung, was nun unter biblischer Leitung konkret zu verstehen sei, aus dem biblischen Befund kaum möglich. Wenn Paulus *kybernēsis* in 1Kor 12,28 unter die Geistesgaben reiht, nennt er eine von Gott gegebene Gabe, die jedenfalls in jeder Gemeinde vorhanden ist. Einige Punkte sind dennoch auffallend und müssen Erwähnung finden.

- *Kybernēsis* wird im Plural verwendet und darf daher nicht als **die Gabe** der Leitung verstanden werden. Treffender ist die Übersetzung mit Leitungsga-

- ben (MTN) oder Leitungsaufgaben (ZB 2007), weil damit auf die *einzelnen Betätigungen* hingewiesen wird und damit die der Gemeinde **dienende Funktion** verstärkt zum Ausdruck kommt.

- Es fällt auf, dass in den nachfolgenden Versen 29 und 30, wo Paulus die Fragen stellt „sind etwa alle Apostel? Alle Propheten? Alle Lehrer? Haben alle Wunderkräfte? Haben alle Gnadengaben der Heilungen? Reden alle in Sprachen? Legen alle aus?" die Hilfeleistungen und die Leitungen nicht erwähnt werden. Vielleicht deshalb, weil jeder in der Gemeinde dienen und Ordnung (das gehört auch zu Leitung) halten sollte?

- Die Erwähnungen von *kybernēsis* in der LXX kommen nur im Buch der Weisheit vor. Kluge Führung, weiser Rat, Lenkungskünste, Lebensklugheit, weise Überlegung, umsichtige Leitung – alle diese Übersetzungsvarianten deuten den Bedarf an jener Weisheit an, die nur von Gott kommen kann. Auch das weitere Vorkommen von *taḥəbulōwt* verstärkt diese Ansicht.

- Obwohl in der Heiligen Schrift viele andere sinnverwandte Wörter wie anführen, vorstehen, herrschen, leiten, lenken usw. gebraucht werden, führt Paulus einen neuen Begriff ein, was vermuten lässt, dass *kybernēsis* etwas ausdrückt, was alle anderen Begriffe vom Hebräischen her nicht vermögen. Dass Paulus das hebräische AT auswendig kannte verstärkt diesen Gedanken in besonderer Weise. Der Fokus bei der Forschung nach Leitungs(auf)gaben muss daher auf den Wörtern Steuerung oder Steuermann bleiben. Aus den Begriffen *kybernēsis* und *kybernētēs* (Steuermann) entwickelte sich der Begriff der Kybernetik.[16] Kybernetik ist die Wissenschaft, die sich mit der Steuerung und Regelung von lebenden Organismen und Maschinen beschäftigt.

Nach den o. Ausführungen kann Gerhard Kittel nur zugestimmt werden, wenn er **kybernēsis** wie folgend beschreibt:

> „Es kann sich hier nur um die besonderen Gaben handeln, die einen Christen fähig machen, seiner Gemeinde als Steuermann, als rechter Leiter ihrer Ordnung und damit ihres Lebens zu dienen. Welchen Umfang solche leitende Tätigkeit bereits zur Zeit des Paulus gehabt hat, wissen wir nicht. Die Entwicklung wird im Fluss gewesen sein. In der Zeit des Sturms wächst die Bedeutung des Steuermanns."[17]

---

[16] Norbert Wiener, US-amerikan. Mathematiker. *26.11.1894 Columbia, Mo., † 18.3.1964 Stockholm; zusammen mit C. Shannon Begründer der Informationstheorie, grundlegende Arbeiten zur Kybernetik; maßgeblich beteiligt an der Erfindung elektronischer Rechenautomaten; Bertelsmann Universal Lexikon, Band 19, Verlagsgruppe Bertelsmann GmbH/ Bertelsmann, Gütersloh (Lexikothek Verlag GmbH) 1990.

[17] Kittel Gerhard, theologisches Wörterbuch zum Neuen Testament, 1035.

3. Effektive Gemeinde

3.1. Einleitung

Der Gebrauch des Begriffs „effektive Gemeinde" erscheint in der ersten Betrachtung ein Oxymoron, eine Zusammenstellung zweier sich widersprechender Begriffe, zu sein. Das liegt möglicher Weise daran, dass das Wort Effektivität in der Heiligen Schrift nicht verwendet wird und eher in der Managementliteratur, als betriebswirtschaftlicher Terminus, gebraucht wird. Durch diesen Einsatz im unternehmerischen Bereich wird der Eindruck erweckt, dass Effektivität mit Erfolg, Gewinn, oder Leistung untrennbar verbunden ist und letztlich allein durch die Fähigkeiten und die Anstrengungen des Menschen produzierbar ist.

Die biblische Theologie widerspricht solchen Denkmustern, da der Mensch als gefallenes Geschöpf nicht in der Lage ist, „geistliche Effektivität" aus sich heraus zu erzeugen. Dies gilt besonders in Zusammenhang mit dem Gemeindebau, wo der Geist Gottes den entscheidenden Faktor darstellt. „Denn Gott ist es, der in euch wirkt sowohl das Wollen als auch das Wirken zu <seinem> Wohlgefallen." (Phil 2,13 REB) Und schließlich spricht Jesus selbst „Du bist Petrus, und auf diesem Felsen werde ich meine Gemeinde bauen, und des Hades Pforten werden sie nicht überwältigen." (Mt 16,18 REB) Das Prinzip, dass ein eventueller „Erfolg" einer Gemeinde allein von Gott bzw. vom Geist Gottes geschenkt wird, liegt auch dieser Arbeit zu Grunde.

Trotzdem hat sich Gott entschlossen, Menschen für den Bau seines Reiches zu gebrauchen. Die Gleichnisse in Matthäus 25,14-30 und Lukas 13,6-9 zeigen, dass der Mensch eine wichtige Rolle beim Bau des Reiches Gottes spielt. Gottes Beitrag steht nach 1Tim 2,4 fest: „... welcher will, dass alle Menschen errettet werden und zur Erkenntnis der Wahrheit kommen." (REB) Aus diesem Grund darf auch die immer wiederkehrende Frage gestellt werden: „Warum ist das Wachstum der Gemeinde an einem Ort so gering, an anderen so erstaunlich groß?"[18] Auch dies scheint an der Verknüpfung zwischen effektiver Gemeinde und effektiver Gemeindeleitung zu liegen.

3.2. Begriffsdefinition

3.2.1. Der Begriff „Effektivität"

Der Begriff Effektivität leitet sich aus dem Wort Effekt ab. Die Bedeutungen sind:[19]

---

[18] Kasdorf Hans, Gemeindewachstum als missionarisches Ziel, Bad Liebenzell (Verlag der Liebenzeller Mission) 1976, 34.

[19] Wahrig Gerhard, Fremdwörterlexikon, München (Verlagsgruppe Bertelsmann GmbH/Mosaik Verlag GmbH) 1985, 186.

- Effekt: Wirkung, Eindruck, Ergebnis, Erfolg, (Phys.) Arbeitsleistung [lat. *effectus* „Wirkung, Erfolg"]
- effektiv (Adj.), tatsächlich, wirklich, wirksam
- Effektivität (Subs.), Wirksamkeit, Wirkkraft

Der Duden beschreibt den Begriff ähnlich:[20]

- Effekt: bezweckte od. auch nicht bezweckte [überraschende, beeindruckende] Wirkung, Auswirkung
- effektiv: wirksam, wirkungsvoll, lohnend, nutzbringend, sich tatsächlich feststellen lassend, wirklich
- Effektivität: Wirksamkeit, Wirkung, Leistung

In der Managementliteratur finden sich unterschiedliche Definitionen von Effektivität. Stephen R. Covey[21] meint

> „... dass wahre Effektivität eine Verkörperung von zwei Dingen ist: dem, was produziert wird (den goldenen Eiern), und dem produzierenden Faktor oder der Kapazität zu produzieren (der Gans)."

Zur Beschreibung dieser Definition verwendet Covey die Fabel von Aesops goldener Gans. Ein armer Bauer findet eines Tages im Nest seiner Gans ein goldenes Ei. Tag für Tag läuft er nach dem Erwachen zum Nest und findet ein goldenes Ei. Er wird dadurch sehr reich. Mit dem wachsenden Vermögen kommen aber auch die Gier und die Ungeduld. Also schlachtet er die Gans, um alle Eier auf einmal zu bekommen. Als er sie aufschneidet ist die Gans leer. Er hat „den produzierenden Faktor" getötet. Die meisten Menschen verstehen Effektivität in dem Sinne, dass man umso effektiver ist, je mehr goldene Eier man produziert. Wahre Effektivität beruht aber auf dem Gleichgewicht zwischen Produktion (goldene Eier) und dem, der die Produktion verursacht (die Gans).

John C. Maxwell[22] unterscheidet zwischen Effektivität und Effizienz.

> „Wenn Sie nur einen Brief zu schreiben haben, werden Sie den ganzen Tag dafür brauchen. Haben Sie 20 Briefe zu schreiben, werden Sie das an einem Tag schaffen. Wann arbeiten wir am effizientesten? In der Woche vor unserem Urlaub! Warum können wir nicht immer so leben wie in der Woche, bevor wir unser Büro verlassen: Entscheidungen treffen, den Schreibtisch leer arbeiten, An-

---

[20] Duden, Deutsches Universalwörterbuch, 5. überarbeitete Auflage Mannheim (Bibliographisches Institut & F.A.Brockhaus AG) 2003, 419.
[21] Covey Stephen R., Die 7 Wege zur Effektivität, 15. Auflage Offenbach (Gabal Verlag GmbH) 2009, 64ff.
[22] Maxwell John C., Das Maxwell Konzept, Weinheim (WILEY-VCH Verlag GmbH & Co.KGaA) 2009, 52.

rufe erledigen? Unter normalen Umständen arbeiten wir effektiv (wir machen es richtig). Wenn Termine drängen und in Notfällen werden wir effizient (wir machen das Richtige). Effektivität ist die Grundlage des Überlebens. Effizienz ist die Grundlage des Erfolges."

Meines Erachtens vertauscht Maxwell die beiden Begriffe. Denn der Duden erklärt im Unterschied zu effektiv effizient mit wirksam *und* wirtschaftlich.[23] Weshalb ich der Definition von Peter Drucker zustimme. Er sagt:

„Effizienz ist, die Dinge richtig zu machen. Effektivität ist, die richtigen Dinge zu machen."[24]

Auch für eine NPO ist es sehr wichtig, klar zwischen Effizienz und Effektivität zu unterscheiden. Vor allem im Hinblick darauf, dass es bei einer NPO, das ist schon aus der Bezeichnung ableitbar, nicht um finanziellen Gewinn gehen darf. Woran kann dann aber „Erfolg" gemessen werden? Eben daran, ob die NPO mit ihrer Tätigkeit eine Wirkung erzeugt, indem sie das tut, wofür sie gegründet wurde. Nach Maria Laura Bono ist Effizienz die Relation von Input zu Output, Effektivität die Relation von Input bzw. Output zu den Wirkungen.[25]

Bezugnehmend auf diese Ausführungen möchte ich eine Definition des Begriffes „Effektivität" in Bezug auf die Gemeinde Gottes vornehmen:

Effektiv ist eine Gemeinde dann, wenn sie das Richtige, nämlich den biblischen Auftrag Gottes an seine Gemeinde, erkennt und das Erkannte so richtig wie möglich tut.

3.2.2. Der Begriff „Gemeinde (Ekklesia)"

Nachdem der Begriff „Effektivität" geklärt ist, bedarf es im nächsten Schritt einer Beschreibung des Begriffes Gemeinde unter Fokussierung der Forschungsfrage.

„Das Wort ‚Gemeinde' oder ‚Kirche' begegnet uns im Neuen Testament mehr als hundert Mal in den Schriften fast aller Schreiber."[26]

„Gene A. Getz zählt *ekklēsia* genau 115mal im Neuen Testament. Davon bezieht es sich dreimal auf eine Gruppe oder eine Versammlung von Leuten, die nicht gläubig sind (Apg 19,32.39.41). Zweimal wird er in Verbindung mit den Kindern Israels gebraucht (Apg 7,38; Hebr 2,12). Die übrigen 110male bezieht sich das Wort *ekklēsia* (oder seine Mehrzahlform *ekklēsiai*) auf Christen, das

---

[23] Duden, 420.
[24] Zit. in Warren Rick, Kirche mit Vision, Asslar (Projektion J Verlag) 1995, 89.
[25] Vgl. Bono Maria Laura, Performance Management in NPOs, Steuerung im Dienste sozialer Ziele, Baden-Baden (Nomos Verlagsgesellschaft) 2010, 18.
[26] Kuen Alfred, Gemeinde nach Gottes Bauplan, Frutigen (Schweizerische Schallplattenmission) 1975, 41.

heißt auf echte Gläubige und Jünger Jesu Christi. Das Wort „Gemeinde" war also in neutestamentlicher Zeit kein ausschließlich christlicher Ausdruck, sondern wurde ebenso von der weltlichen Gesellschaft verwendet. Er erhielt jedoch eine neue und spezielle Bedeutung, als er von den Christen der Frühzeit gebraucht wurde."[27]

„Was unter Gemeinde zu verstehen ist, darüber hat es seit der Reformation bis heute nie Klarheit bestanden. Das Verhältnis der Gemeinde Jesu Christi zur Institution Volkskirche ist unklar."[28]

Hier sei erwähnt, dass unterschiedliche Auffassungen nicht automatisch zu Unklarheit führen.

„Vor dem 16. Jahrhundert hatte man die Gemeinde eher als selbstverständlich vorausgesetzt, als darüber zu diskutieren. Durch die radikale Kritik Martin Luthers und anderer Theologen im 16. Jahrhundert wurde die Diskussion über das Wesen der Kirche verschärft."[29]

Aus diesem Grund ist eine Beschäftigung mit dem, was die Bibel unter neutestamentlicher Gemeinde versteht, von Bedeutung.

„Die etymologische Bedeutung von *ekklēsia* kommt von *ex-kaleo* und heißt ‚die Herausgerufene.'"[30]

„Sie sind nicht unbedingt die Herausgerufenen aus der Welt, sondern die zu einer bestimmten Aufgabe oder einem bestimmten Zweck aus der Gesellschaft Herausgerufenen; sie sind „zusammengerufen". Wir können *ekklēsia* mit dem Wort „Versammlung" übersetzen."[31]

Kuen stellt fest, dass sich **ekklēsia** nur auf die Gemeinde der Gläubigen übertragen lässt.

„In der Volkskirche gehören faktisch alle Einwohner des Ortes zur Kirche. Wer wäre herausgerufen und woraus?"[32]

Im Gegensatz dazu versteht Ryrie *ekklēsia* nicht als „die Herausgerufenen".

---

[27] Getz Gene A., Die Gemeinde nach biblischer Sicht, Kreutlingen (Dynamis Verlag) 1981, 9.
[28] Zit. in Mauerhofer Armin, Gemeindebau nach biblischem Vorbild. 2. verbesserte und aktualisierte Auflage. Nürnberg (VTR) 2010, 13.
[29] Dever Mark, 9 Merkmale einer gesunden Gemeinde, Waldems (3L Verlag gemeinnützige GmbH) 2009, 18.
[30] Mauerhofer Armin, Gemeindebau nach biblischem Vorbild, 13.
[31] Lloyd-Jones Martin D., Gott und seine Gemeinde, Studienreihe über biblische Lehren Band 4, Wuppertal (R. Brockhaus Verlag) 1985/1991, 17.
[32] Kuen Alfred, Gemeinde nach Gottes Bauplan, 208.

„In den meisten Fällen gewinnt der Begriff im Neuen Testament eine viel reichere und vollere Bedeutung. Ob versammelt oder nicht, werden die Christen als *ekklēsia* bezeichnet. Dennoch behält das Wort auch im Neuen Testament die Grundbedeutung einer Versammlung und gewinnt nicht die theologische Bedeutung eines „herausgerufenen" Volkes, wie vielfach behauptet wird (indem das Wort in seine Bestandteile gespalten wird, „rufen" und „heraus"). Wollen wir das Wort etymologisch übersetzen, müssten wir „zusammengerufen" sagen, nicht „herausgerufen."[33]

„Kein Mensch kann von Natur aus zur Gemeinde gehören, da jeder Mensch seit dem Sündenfall von Adam und Eva (1Mo 3) im Machtbereich Satans lebt (Röm 5,12; Kol 1,13) und Gott durch sein sündiges Verhalten kränkt. Um zur Gemeinde zu gehören, muss ein Mensch das Heil annehmen, das ihm Christus anbietet."[34]

„In dem Augenblick, da Jesus in sein Leben eintritt, ist er von neuem geboren. Im Akt der Wiedergeburt wird der Mensch ‚eine neue Schöpfung' und ‚ein neuer Mensch'."[35]

Dementsprechend gehören alle wiedergeborenen Menschen zur Gemeinde.

„Die Gemeinde Jesu Christi umfasst von Pfingsten an die Gläubigen aller Zeiten und aller Orte. [...] Diese Gemeinde nennt man gewöhnlich die „universale Kirche". Mt 18,17: „Wenn er nicht auf sie hört, so sage es der Gemeinde. Hört er nicht auf die Gemeinde, so sei er dir wie ein Heide oder ein Zöllner." Diese Gemeinde ist an eine bestimmte Zeit und an einen gewissen Ort gebunden: sie kann zusammengerufen werden, man kann zu ihr sprechen, sie kann ihre Meinung sagen. Man pflegt sie „örtliche Gemeinde" zu nennen, und sie umfasst die Gläubigen einer bestimmten Zeit und eines gegebenen Ortes."[36]

Im Rahmen der vorliegenden Arbeit bezieht sich der Begriff Gemeinde immer auf die Ortsgemeinde.

Aus der Vielzahl an Definitionen von Gemeinde sei die von Emil Brunner herausgegriffen:[37]

„Die Kirche ist die Gemeinschaft nicht nur derer, die Vergebung erhielten, sondern der durch Jesus Christus Wiedergeborenen ... Kirche ist nie etwas anderes

---

[33] Ryrie Charles C., Die Bibel verstehen, Handbuch systematischer Theologie für jedermann, 4. Auflage Dillenburg (Christliche Verlagsgesellschaft) 2007, 437.
[34] Mauerhofer Armin, Gemeindebau nach biblischem Vorbild, 16.
[35] Ebd., 6.
[36] Kuen Alfred, Gemeinde nach Gottes Bauplan, 48.
[37] Zit. in Kuen Alfred, Gemeinde nach Gottes Bauplan, 47.

als die Menschen, die durch die Gemeinschaft Christus, dem lebendigen Herrn selbst, zu einer lebendigen Gemeinschaft verbunden sind."

Nach diesen Ausführungen erfolgt eine Erweiterung der Definition von 3.2.1.

Effektiv ist eine Gemeinde dann, wenn die, durch eine persönliche Beziehung zu Jesus Christus, in einer lebendigen Gemeinschaft lebenden wiedergeborenen Menschen an einem bestimmten Ort und zu einer bestimmten Zeit das Richtige, nämlich den biblischen Auftrag Gottes an sie, erkennen und das Erkannte so richtig wie möglich tun.

3.2.3. Der Begriff „Gemeindewachstum"

Die Beschäftigung mit Effektivität in der Gemeinde Gottes lenkt unvermeidlich den Blick auf das Thema Gemeindewachstum. Darüber wird aber in der theologischen Literatur sehr kontrovers diskutiert. Insbesondere seit dem Entstehen der Gemeindewachstumsbewegung und den Mega-Churches von Saddleback (Rick Warren) und Willow Creek (Bill Hybels) wurde sehr viel zum Thema Gemeindewachstum geschrieben.

Als Vater der Gemeindewachstumsbewegung gilt Don McGavran. Er führte in Indien ein Leprakrankenhaus und betreute eine Menge von Schulen. Trotz langen Bemühens entstanden nur zwanzig bis 30 kleine Gemeinden, womit sich McGavran nicht abfinden konnte. Er selbst gründete dann in den folgenden siebzehn Jahren einige Gemeinden und schrieb das Buch „Die Brücken Gottes", welches als Meilenstein im Hinblick auf die Gemeindewachstumsbewegung gilt.[38] Kasdorf filtert drei Thesen aus dem umfangreichen Schrifttum McGavrans:[39]

- Die Gemeinde wächst am schnellsten, wenn sich ganze Völkerstämme oder ethnische und homogene Volksgruppen zu Christus bekehren.
- Die besten Ernten werden von reifen Erntefeldern eingebracht.
- Der „Christianisierungsprozess" der Unbekehrten geschieht durch das Jüngermachen und das Haltenlehren.

Neben der Anführung vieler entscheidender positiver Impulse, die die Gemeindewachstumsbewegung im Hinblick auf Gemeindebau gegeben hat, stellt Mauerhofer aber auch zwei kritische Anfragen an diese Bewegung. Die erste richtet sich gegen die soziologische Analyse. Die Gemeindewachstumsbewegung ist bestrebt, biblische Prinzipien der Ekklesiologie mit den modernen Sozial- und Verhaltenswissenschaften zu verbinden. Dadurch werden missionarische Methoden empfohlen,

---

[38] Vgl. Fleming Ken, Biblische Prinzipien des Gemeindewachstums, Was wir von den Gemeinden des Neuen Testaments lernen können, Bielefeld (Betanien Verlag Hans-Werner Deppe) 2001, 129.
[39] Kasdorf Hans, Gemeindewachstum als missionarisches Ziel, 17ff.

die keine solide theologische Grundlage haben, sondern sich auf die funktionalistischen Sozialwissenschaften Amerikas stützen. Wächst eine Gemeinde nicht mehr, wird sie nach soziologischen Aspekten analysiert. Da die Gemeinde aber ein geistliches Gebilde ist, kann diese Analyse nicht wirksam sein. Es müssen die biblischen Gründe sichtbar werden, was nur mit Hilfe einer dogmatischen Analyse gelingen kann. Erst im zweiten Schritt sollte die Soziologie beigezogen werden. Die zweite Anfrage richtet sich gegen das Prinzip der homogenen Einheit, welches besagt, dass Menschen leichter Christen werden können wenn sie keine klassenbedingten, rassischen oder sprachlichen Schranken überwinden müssen. So lautet eines der wichtigsten Prinzipien der Gemeindewachstumsbewegung. Dabei wird aber klar die Lehre des Neuen Testaments missachtet, dass Menschen aus vielen Kulturen – Juden und Griechen (Gal. 3,28) – oder Menschen unterschiedlichen Standes – Freie, Herren, Fürsten oder Sklaven (Kol 3,18 – 4,1) – zur selben Gemeinde gehören sollen. Gerade daran könne man das Wirken des Geistes Gottes erkennen.[40] Plock formuliert in diesem Punkt noch schärfer:

> „dürfen wir die Schwelle in Evangelisation und Mission wirklich soweit heruntersetzen, dass der Nichtchrist unbeschwert in seiner vertrauten Kultur weiterleben kann? Darf ihm wirklich keine gesellschaftliche Entwurzelung zugemutet werden? [...] Wenn die neue Umgebung hinduistisch ist, wird es einen Zusammenstoß mit dem Götzendienst geben. Wenn die Umgebung moslemisch ist, prallt die christliche Lehre auf die Gedanken zur Würde der Frau. Wenn man unter Stämmen ist, gibt es Reibereien wegen Blutopfern oder Vielweiberei. Wir könnten noch mehr Beispiele bringen, aber der Punkt ist, dass es unvermeidlich eine Kollision der Wahrheit mit der Tradition geben wird, wenn die Gemeinde in einer neuen kulturellen Umgebung gebaut werden soll."[41]

Christian Schwarz gehört zu den Exponenten der Gemeindewachstumsbewegung im deutschsprachigen Raum. Mit seinem Buch „Natürliche Gemeindeentwicklung" (Natural Church Development, NCD), das 1996 erschienen ist, löste er eine heftige Diskussion über Gemeindewachstum aus.[42] Das Buch präsentierte die erste umfassende Forschung auf dem Gebiet des Gemeindewachstums, an der 1.000 Gemeinden weltweit teilnahmen. Zehn Jahre später standen Daten von 45.000 Gemeinden aus 70 Ländern und fünf Kontinenten zur Verfügung.[43] Schwarz distanziert sich von den üblichen Gemeindewachstumskonzepten, die sich im Wesentlichen auf quanti-

---

[40] Vgl. Mauerhofer Armin, Gemeindebau nach biblischem Vorbild, 200ff.
[41] Plock Wilfried, Gott ist nicht pragmatisch, Wie Zweckmäßigkeitsdenken die Gemeinde zerstört, Bielefeld (Betanien Verlag Hans-Werner Deppe) 2004, 43ff.
[42] Vgl. Schwarz Christian, Natürliche Gemeindeentwicklung, Emmelsbüll (C&P Verlagsgesellschaft m.b.H.) 2006 4. überarbeitete und aktualisierte Auflage, 3ff.
[43] Die 4. Auflage 2006 weist in den Grafiken nach wie vor die Ergebnisse der ursprünglichen Forschung aus 1994 bis 1996 mit den 1.000 Gemeinden aus. Die stark gewachsene Datenbasis bestätigt aber durchgehend diese Resultate, 20.

tatives Wachstum konzentrieren und beschreibt den Unterschied seines Ansatzes wie folgend:[44]

- NCD wendet sich gegen einen pragmatischen und a-theologischen Ansatz („Der Zweck heiligt die Mittel") und ersetzt diesen durch eine **prinzipienorientierte** Vorgehensweise.

- NCD hat bewusst keinen quantitativen Ansatzpunkt („Wie bekommen wir mehr Menschen in den Gottesdienst?"), sondern betrachtet die **Qualität** des gemeindlichen Lebens als strategischen Schlüssel zur Gemeindeentwicklung.

- NCD will Gemeindewachstum nicht „machen", sondern ist allein darauf ausgerichtet, die **Wachstumskräfte**, mit denen Gott selbst seine Gemeinde baut, freizusetzen.

Weiters führt er aus: „Natürliche Gemeindeentwicklung" bedeutet Abschied zu nehmen von einem oberflächlichen Pragmatismus,[45] einer statischen Ursache-Wirkung-Logik, einer Fixierung auf Quantität, von manipulativen Marketingmethoden, von einer fragwürdigen Machbarkeitsmentalität. Mit anderen Worten: Weg von menschlich ausgedachten Erfolgsprogrammen, hin zu den Wachstumsprinzipien, die Gott selbst seiner Schöpfung gegeben hat.

Trotz dieser begrüßenswerten Weiterentwicklung des Forschungsansatzes über Gemeindewachstum, bleiben bei Schwarz einige kritische Anfragen weiterhin unbeantwortet:[46]

- Wenn nur 30 Mitglieder pro Gemeinde befragt wurden, unabhängig davon, ob die Gemeinde 200 oder 2.000 Mitglieder hat, so hat das Datenmaterial keine wissenschaftlich signifikante Aussagekraft. Obwohl der Fragebogen überarbeitet und verbessert wurde (4. Auflage 2006 S. 4) scheinen doch nur 30 Mitglieder pro Gemeinde befragt worden zu sein. (4. Auflage 2006 S. 20) Damit besteht die Gefahr, dass nur die „Elite" einer Gemeinde an der Befragung teilgenommen hat.

- Der Vorwurf der tendenziösen Auswahl der 1.000 Gemeinden wird nicht entkräftet.

---

[44] Ebd., 16.

[45] In Plock Wilfried, Gott ist nicht pragmatisch, ist im Anhang 131ff ein sehr lesenswerter Auszug aus dem Buch von Os Guiness, Fit Bodies Fat Minds, enthalten. Darin wird beschrieben, wie die amerikanische Philosophie des Pragmatismus in den Evangelikalismus Einzug genommen hat. Ein Auszug: Die Frage, „Wird es funktionieren?" hat schon lange die Frage „Ist es wahr?" abgelöst. Theologie ist Techniken gewichen. Das „Know-whom" (das persönliche Kennen Gottes) ist vom Know-how abgelöst worden.

[46] Vgl. Fleming Ken, Biblische Prinzipien des Gemeindewachstums, Was wir von den Gemeinden des Neuen Testaments lernen können, Bielefeld (Betanien Verlag Hans-Werner Deppe) 2001, Anhang von Plock, Wilfried, 136ff.

- Für jede Gemeinde wird ein Qualitätsindex ermittelt, der ins Verhältnis zur Quantität, nämlich zum Wachstum des Gottesdienstbesuches (4. Auflage 2006 S. 22), gestellt wird. Obwohl man sich zuerst von der Aussage „Wie bekommen wir mehr Menschen in den Gottesdienst" distanziert, wird trotzdem der Gottesdienstbesuch als „Messkriterium" verwendet. Warum werden nicht Bekehrungen, Taufen oder verbindliche Mitglieder herangezogen?

Willow Creek geht mit seiner REVEAL[47] Studie einen Schritt weiter und legt den Fokus der Forschung auf das qualitative Wachstum einer Gemeinde. Dabei konzentriert sich die Studie darauf, wie sich der geistliche Weg eines Menschen entfaltet. REVEAL zeichnet sich dadurch aus, dass es das „Unsichtbare" misst und dabei einen Ansatz verwendet, der die geistlichen Haltungen, Bedürfnisse und Motivationen eines Menschen sichtbar macht, die in Bezug zu seinem geistlichen Verhalten stehen. REVEAL ermittelte, dass es ein geistliches Kontinuum gibt, welches aus vier Phasen besteht, in denen sich Menschen in unterschiedlichen Stadien ihrer geistlichen Entwicklung befinden: „Den Glauben entdecken", „Im Glauben wachsen", „Eine enge Beziehung zu Christus haben" und „Christus als Lebensmittelpunkt haben". Die tiefere Bedeutung von REVEAL besteht jedoch darin, dass sie Erkenntnisse darüber gewann, was Menschen von einer geistlichen Phase zur nächsten bringt; beispielsweise welche Gemeindeveranstaltungen, Überzeugungen, geistlichen Übungen oder Aktivitäten (Evangelisation, Mitarbeit etc.) an bestimmten Punkten des geistlichen Kontinuums den größten Einfluss auf geistliches Wachstum haben.[48]

Auch diese Arbeit will bei der Beantwortung der Frage, „Was ist eine effektive Gemeinde?", den Fokus auf das qualitative Wachstum einer Gemeinde legen. Dabei soll das quantitative Wachstum nicht außer Acht gelassen werden, weil, nach Auffassung vieler Autoren der Gemeindewachstumsbewegung, eine qualitativ wachsende Gemeinde zwangsläufig auch quantitatives Wachstum erlebt. An dieser Stelle sei auch noch eine dritte Form des Gemeindewachstums erwähnt, das „organische Wachstum". Unter organischem Wachstum ist die natürliche Fortpflanzung von Lokalgemeinden zu verstehen, die sich als lebendige Glaubenzelle fortpflanzt und vermehrt, wodurch wieder neue Lokalgemeinden entstehen.[49]

Im empirischen Forschungsteil dieser Arbeit über effektive Gemeinde sind qualitatives und quantitatives Wachstum die zentralen Bestandteile, weshalb nachfolgend eine Präzisierung der beiden Begriffe vorgenommen wird.

---

[47] Hawkins Greg L./Parkinson, Cally/Arnson, Eric, „prüfen", Die harte Wahrheit über Gemeindeleben und geistliches Wachstum, Asslar (Gerth Medien GmbH) 2009. „prüfen" präsentiert den 1.Teil einer umfassenden Studie über geistliches Wachstum von Menschen.

[48] Hawkins Greg L./Parkinson, Cally, „wachsen", Was der Vanillefaktor mit geistlichem Wachstum zu tun hat, Asslar (Gerth Medien GmbH) 2010. „wachsen" präsentiert den 2.Teil einer umfassenden Studie über geistliches Wachstum von Menschen.

[49] Kasdorf Hans, Gemeindewachstum als missionarisches Ziel, 46.

3.2.3.1. Qualitatives Wachstum

Qualitatives Wachstum kann unterschiedlich beschrieben werden. Christian A. Schwarz entwickelte zur Beurteilung der Qualität von Gemeinden einen Qualitätsindex, der auf acht Qualitätsmerkmalen beruht.[50] Die aufgelisteten Qualitätsmerkmale sind bevollmächtigende Leitung, gabenorientierte Mitarbeiterschaft, leidenschaftliche Spiritualität, zweckmäßige Strukturen, inspirierender Gottesdienst, ganzheitliche Kleingruppen, bedürfnisorientierte Evangelisation und liebevolle Beziehungen. Die Qualität einer Gemeinde nimmt in dem Ausmaß zu, in dem diese Qualitätsmerkmale verbessert werden. Ausdrücklich weist Schwarz darauf hin, dass alle Qualitätsmerkmale vorhanden sein müssen, um auch quantitatives Wachstum zu erleben.

Mark Dever beschreibt Qualität als Gesundheit einer Gemeinde und identifiziert neun Merkmale.[51] Auslegungspredigten, biblische Theologie, das Evangelium, ein biblisches Verständnis von Bekehrung, ein biblisches Verständnis von Evangelisation, ein biblisches Verständnis von Gemeindemitgliedschaft, biblische Gemeindezucht, der Wunsch nach geistlichem Wachstum und biblische Gemeindeleitung.

Qualitatives Wachstum ist nicht nur in bereits bestehenden Gemeinden wichtig, sondern sollte auch im Vorfeld einer Gemeindegründung ein zentrales Anliegen sein. In seinem Buch „Das Jesu-Modell" beschreibt Dietrich Schindler acht Kennzeichen, welche eine qualitative Gemeindegründung ausmachen, aus der stabile, gesunde Gemeinden hervorgehen. Diese Kennzeichen können durchaus auch als Qualitätsmerkmale für bestehende Gemeinden herangezogen werden. Schindler zählt dabei folgende acht Kennzeichen auf: Inkarnierende Kontaktaufnahme, Barmherzigkeit als Triebfeder, Christuszentrierte Verkündigung, Freimachende Herrschaft, Veränderte Identität, Praxisorientierte Jüngerschaft, Bevollmächtigte Leiterschaft, Zielgerichtete Multiplikation.[52]

Qualitatives Wachstum wäre demnach, wenn eine Gemeinde in den o.a. Qualitätskriterien positive Fortschritte macht, eben wächst. Im Rahmen dieser Arbeit wird unter qualitativem Wachstum das geistliche Wachstum der einzelnen Glieder verstanden. Denn eine Gemeinde kann nur so weit qualitativ wachsen, wie die Summe der Gemeinschaft der einzelnen Gemeindeglieder in ihrem Leben geistliches Wachstum fördert und erlebt. Dies entspricht Eph. 4,13 „bis wir alle hingelangen zur Einheit des Glaubens und der Erkenntnis des Sohnes Gottes, zur vollen Mannesreife, zum Vollmaß des Wuchses der Fülle Christi." (REB)

---

[50] Vgl. Schwarz Christian, Natürliche Gemeindeentwicklung, Emmelsbüll (C&P Verlagsgesellschaft m.b.H.) 2006 4. überarbeitete und aktualisierte Auflage, 22ff.

[51] Vgl. Dever Mark, 9 Merkmale einer gesunden Gemeinde, Waldems (3L Verlag gemeinnützige GmbH) 2009.

[52] Vgl. Schindler Dietrich, Das Jesus-Modell, Witten (R. Brockhaus) 2010.

Die Forschung zeigt, dass österreichweit nur sechs Prozent aller Befragten bereit sind, großen Einsatz für ihr geistliches Wachstum zu leisten. Nur für neun Prozent hat geistliches Wachstum oberste Priorität in ihrem Glaubensleben. Auf die Frage „Die Gemeinde fördert mein geistliches Wachstum, wie ich es erwarte" antworteten österreichweit nur sieben Prozent mit „Trifft uneingeschränkt zu". Dazu antworten im Vergleich zwölf Prozent der Befragten in Gemeinden der KAT A auf diese Frage mit „Trifft uneingeschränkt zu", während es in Gemeinden der KAT C nur mehr ein Prozent waren.

Ich bin bereit, großen Einsatz für mein geistliches Wachstum zu leisten

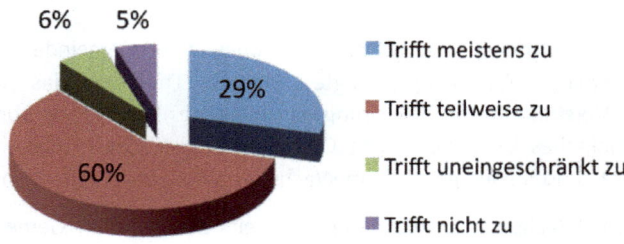

Geistliches Wachstum hat oberste Priorität in meinem Glaubensleben

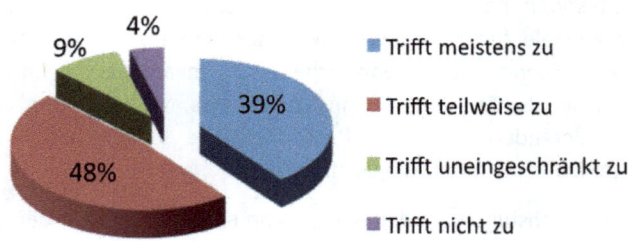

Die Gemeinde fördert mein geistliches Wachstum, wie ich es erwarte

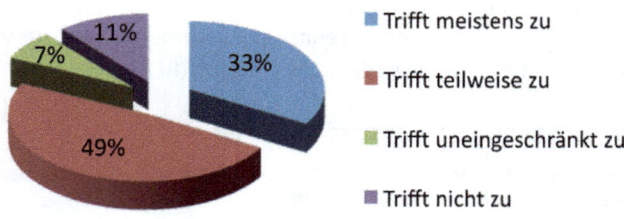

KAT A:

Die Gemeinde fördert mein geistliches Wachstum, wie ich es erwarte

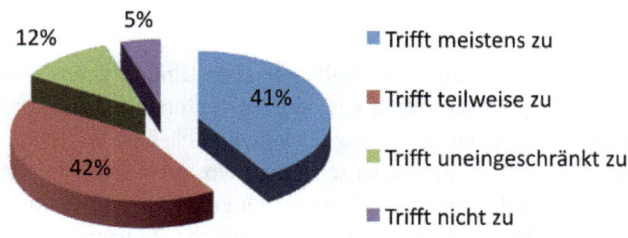

KAT C:

Die Gemeinde fördert mein geistliches Wachstum, wie ich es erwarte

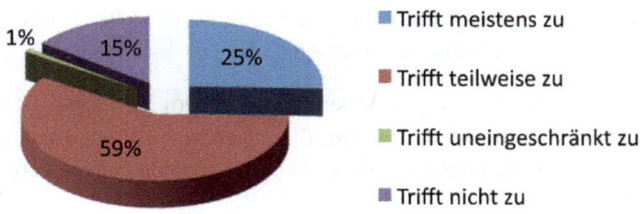

Auffallend ist, dass fünfzehn Prozent der Befragten in KAT C Gemeinden auf die Frage „Die Gemeinde fördert mein geistliches Wachstum, wie ich es erwarte" mit „Trifft nicht zu" antworteten, während es in Gemeinden der KAT A nur fünf Prozent waren.

3.2.3.2. Quantitatives Wachstum

Quantitatives Wachstum ist Wachstum, das in Zahlen messbar ist. Dabei kann es sich sowohl um Vermehrung an der Zahl von Gemeinden, wie auch um das Anwachsen der Mitglieder in der Gemeinde Gottes handeln.

Gemeinden sollten auch einen Prozess der Zellteilung erleben. Echtes Leben wird sich irgendwann teilen und wieder neues Leben hervor bringen. Das gilt auch für die Gemeinde Gottes.

> „Die meisten Warmblütler wachsen bis auf eine bestimme Größe und reproduzieren sich dann. Auch der Leib Christi sollte auf diese Weise wachsen."[53]

Diese Vermehrung an Zahl der Gemeinden Jesu Christi ist eine Form des quantitativen Wachstums.

> „Quantitatives Wachstum geschieht vor allen Dingen dann, wenn sich Menschen in der ungläubigen Welt aus dem Heidentum zu Jesus Christus bekehren und sich einer örtlichen Glaubensgemeinde anschließen, wo schon eine ist, oder sich zu einer solchen zusammenschließen, wo noch keine ist. Wenn der Herr sagt, dass alle Nationen oder Völker zu Jüngern gemacht werden sollen, dann schließen wir daraus, dass er den zahlenmäßigen Zuwachs für unbedingt notwendig hält."[54]

Zahlenmäßiges Wachstum innerhalb der Gemeinde Gottes ist eine weitere Form des quantitativen Wachstums. Wobei dieser Zuwachs in dreifacher Weise geschehen kann.

- Bekehrungswachstum: Menschen, die ohne „familiäre Vorbelastung" der Gemeinde Gottes hinzugefügt werden.
- Biologisches Wachstum: Menschen, die in einem gläubigen Elternhaus aufwachsen. In Gemeinden, die die Gläubigentaufe praktizieren, setzt dieses Wachstum natürlich die Evangelisation in der eigenen Familie voraus.[55]
- Transferwachstum: Darunter versteht man bereits gläubige Glieder des Leibes Christi, die durch Wechsel von anderen Gemeinden aufgenommen werden.

Die Zunahme an Gottesdienstbesuchern wird im Rahmen dieser Arbeit nicht als quantitatives Wachstum verstanden, obwohl die Zunahme in diesem Bereich durchaus ein Hinweis auf eine lebendige Gemeinde sein kann.

> „Die Zahl der Gottesdienstbesucher ist allerdings kein Barometer dafür, wie es um die Christenheit steht. Letztendlich sollte das Evangelium doch eine Transformation bzw. Veränderung bewirken. Es reicht nicht aus, unsere Kirchen zu füllen; wir müssen unsere Welt verändern. Wenn die Kirche wirklich effektiv ist, sollte sich die Gesellschaft und Kultur verändern. Geht die Kirche auf die Menschen zu und werden diese durch die gute Nachricht des Reiches Gottes verändert? Wo dies geschieht, wird die Anzahl der Christen sicherlich steigen. Das Reich Gottes dreht sich aber nicht darum, dass wir einmal in der Woche den Gottesdienstraum füllen. Wir tun Jesus unrecht, wenn wir sein Leben und sein

---

[53] Cole Neil, Organische Gemeinde, Wenn sich das Reich Gottes ganz natürlich ausbreitet, Bruchsal, (Glory-World-Medien) 2008, 36.
[54] Kasdorf Hans, Gemeindewachstum als missionarisches Ziel, 46.
[55] Vgl. Kasdorf Hans, Gemeindewachstum als missionarisches Ziel, 48.

Wirken auf so traurige Statistiken wie Besucher oder Mitgliederzahlen reduzieren."[56]

Wie bereits ausgeführt, hat vor allem die Gemeindewachstumsbewegung eine heftige Diskussion über quantitatives Wachstum ausgelöst. Kritiker stellen sich entschieden gegen die Messbarkeit von „Gemeindeerfolg" anhand von Zahlen. Immer wieder wird betont, dass Wachstum vor allem qualitatives, geistliches Wachstum darstellt und daher quantitativ nicht messbar ist. Zu dieser Diskussion hat Wolfgang Reinhardt einen sehr wertvollen Beitrag geleistet.[57] In seinen ausführlichen Untersuchungen zum Gemeindewachstum im lukanischen Doppelwerk auf dem Hintergrund des Alten Testaments analysiert er im Wesentlichen die beiden Termini αὐξάνω – auxanō (vermehren, wachsen, zunehmen, zunehmen lassen, wachsen lassen) und πληθύνω – plēthynō (vollmachen, vermehren, sich vermehren, wachsen, zunehmen). Dabei repräsentiert αὐξάνω – auxanō das Element des natürlichen Wachstums einer Pflanze, πληθύνω – plēthynō stärker den Aspekt der zahlenmäßigen Vermehrung.[58] Reinhardt weist darauf hin, dass Wachstum Gottes Werk ist.

„Aber es geschieht nicht ohne die Mitwirkung der Menschen, sei es in der glaubenweckenden Verkündigung und im ganzen Leben der Gemeinde, sei es durch die Antwort in Umkehr und Glaube."[59]

„Das Wachstum ist in der Apostelgeschichte entsprechend dem Charakter dieses Missionsberichtes eindeutig als quantitatives und extensives Wachstum durch die Ausbreitung des Evangeliums verstanden. Nicht eindeutig ist, ob Lukas auch das qualitative, intensive Wachstum bei der Wachstumsterminologie im Auge hat."[60]

In der Forschungsarbeit wurde zwar der Fokus auf qualitatives Wachstum gelegt, dennoch wurden quantitative Parameter statistisch erhoben. Insbesondere wurden die Gemeinden gesondert nach Bekehrungswachstum, biologischem Wachstum, Transferwachstum und Zunahme des Gottesdienstbesuches seit 1.1.2006 befragt. Auswirkungen auf das Forschungsergebnis hatten nur die Zahlen des Bekehrungswachstums. Die Höhe des Bekehrungswachstums hatte Einfluss auf die Auswahl der Gemeinden zu den KAT A und C. (siehe Pkt. 1.4)

Im Ergebnis der Forschung zeigt sich, dass die Gemeinden der KAT A ein Bekehrungswachstum von ca. zwei Prozent bis fünf Prozent p.a. aufweisen, bei den Ge-

---

[56] Cole Neil, Organische Gemeinde, 19.
[57] Vgl. Reinhardt Wolfgang, Das Wachstum des Gottesvolkes, Biblische Theologie des Gemeindewachstums, Göttingen, (Vandenhoeck und Rupprecht), 1995.
[58] Vgl. Reinhardt Wolfgang, Das Wachstum des Gottesvolkes, 54.
[59] Ebd., 200.
[60] Ebd., 332.

meinden der KAT C hingegen kein merkbares Bekehrungswachstum vorhanden ist. Nebenbei sei erwähnt, dass die Gemeinden der KAT A eine Zunahme des Gottesdienstbesuches von ca. zehn Prozent p.a verzeichneten, bei den Gemeinden der KAT C der Gottesdienstbesuch aber stagnierte oder sogar rückläufig war.

3.3. Zweck und Auftrag der Gemeinde

Für die Bewertung eines Objektes müssen im Vorfeld einer Untersuchung gewisse Maßstäbe festgelegt werden. Insbesondere ist es wichtig zu klären, welchen „Zweck" dieses Objekt erfüllen muss. Erst wenn dieser Zweck definiert ist, kann beurteilt werden, ob dieses Objekt seinen Zweck gut, schlecht oder überhaupt nicht erfüllt.

Auch bei der Bewertung einer Gemeinde Gottes muss im Vorfeld die Frage geklärt werden, was denn der Zweck und Auftrag der Gemeinde Gottes in dieser Welt ist. Warum existiert Gemeinde überhaupt? Was soll diese Gemeinde tun? Erst danach kann beurteilt werden, ob eine Gemeinde „effektiv" ist, dh. ob sie „das Richtige tut" und wie gut sie das Richtige tut. Die Definition des Auftrages einer Gemeinde wird so zum Maßstab, an dem Wachstum und Gesundheit gemessen werden kann.[61]

Der Begriff der „missio dei"[62], Gottes Auftrag, hilft bei den Überlegungen über Zweck und Auftrag der Gemeinde. Nicht die Gemeinde als Subjekt betreibt Mission, sondern Gott selbst ist Subjekt der Mission. Entsprechend nach Joh 20,21 sendet der Vater den Sohn, um den Menschen das Heil zu bringen: „Jesus sprach nun wieder zu ihnen: Friede euch! Wie der Vater mich ausgesandt hat, sende ich auch euch" (REB). In weiterer Folge sendet der Sohn die Gemeinde diesen Auftrag zu erfüllen (s. Joh 17,18). Damit wird die Gemeinde zum ausführenden Werkzeug des Heilswillens Gottes. In diesem ist die Botschaft Gottes an die Welt zentraler Bestandteil, weshalb die Gemeinde „… die Säule und Grundfeste der Wahrheit" (1Tim 3,15 REB) ist. Zusätzlich zu diesem allgemeinen Auftrag, der den globalen Aspekt hervorhebt, kann jede einzelne Ortsgemeinde einen speziellen Auftrag in der Ausführung der „missio dei" haben. Dieser „Wille Gottes" für die jeweilige Ortsgemeinde ist zu finden. Wenn eine Ortsgemeinde diesen speziellen Auftrag, der immer im Heils- bzw. Rettungswillen Gottes für die Menschen enden wird, er-

---

[61] Vgl. Warren Rick, Kirche mit Vision, Asslar (Projektion J Verlag) 1995, 92.

[62] „Von K. Hartenstein in die Diskussion eingebracht, avancierte M.D. nach der Missionskonferenz von Willingen 1952 bald zu einem zentralen missionstheol. Begriff. Trotz mancher unterschiedlicher Akzentsetzungen impliziert er eine trinitätstheol. Neubegründung des Missionsverständnisses, denn im Unterschied zu ekklesiozentrischen Missionskonzeptionen soll der dreieinige Gott als das eigentliche ‚Subjekt' von Mission begriffen werden: Er ist Sendender und Gesandter zugleich, und die Kirche wird in ein weltumspannendes Heilshandeln hineingenommen; d.h. sie ist nicht selbst Subjekt, Ursprung oder Ziel der Mission. […] sondern sie (die Kirche) erkennt an, daß Gott selbst in seiner Welt unterwegs ist." RGG, Religion in Geschichte und Gegenwart Band 5, Thübingen, (Mohr Siebeck) 2002, 1271.

kennt, ausführt und dadurch Menschen einen Herrschaftswechsel in ihrem Leben, von der Welt zu Gott, erfahren, wird sie im Rahmen dieser Arbeit als „effektive Gemeinde" betrachtet. Dabei ist aber zu beachten, dass die Gemeinde zwar in ihrer Existenz, ihrem Ursprung und ihrem Handeln zweckgerichtet ist, aber niemals das Ziel in sich selbst darstellt.[63]

Dieser Auftrag ist sehr vielschichtig und komplex. Um diese Komplexität besser beschreiben zu können, wird dieser Auftrag nachfolgend in drei Teilbereichen dargestellt. Es ist wichtig darauf zu achten, dass diese Teile in ausgewogener Weise „gelebt" werden und es nicht zu einer Überbetonung eines Bereiches zu Lasten eines anderen Bereiches kommt.

3.3.1. Auftrag nach außen

Der HERR persönlich erteilte seiner Gemeinde den Auftrag nach außen. „Geht hin in die ganze Welt und predigt das Evangelium der ganzen Schöpfung!" (Mk 16,15 REB) Diese Aufforderung zur Predigt präzisiert sich in Mt 28,19-20. „Geht nun hin und macht alle Nationen zu Jüngern, und tauft sie auf den Namen des Vaters und des Sohnes und des Heiligen Geistes, und lehrt sie alles zu bewahren, was ich euch geboten habe!..." (REB) Damit wird die Gemeinde bzw. die Gemeinschaft der Gläubigen nicht nur aufgefordert zu predigen, sondern Menschen zu Jüngern[64] zu machen. Die Predigt ist dabei ein wesentlicher Bestandteil. Die Botschaft muss auf dem Wort Gottes gegründet sein, damit sie wirksam ist. „So kommt der Glaube aus der Predigt, das Predigen aber durch das Wort Christi." (Röm 10,17 LU 84) Aus diesem Grund wurde die Verkündigung vorrangig dem Auftrag nach außen zugeordnet, obwohl die Predigt auch einen Auftrag nach innen erfüllt.

Der Heilswille Gottes kommt im Auftrag an seine Gemeinde nach außen am stärksten zum Ausdruck. „... da er nicht will, daß irgendwelche verloren gehen, sondern daß alle zur Buße kommen." (2Petr 3,9 REB) „Um die Menschen für diese Rückkehr zu Gott zu gewinnen, will der Herr die Gemeinde als sein Werkzeug gebrauchen."[65] Deshalb sendet Jesus seine Jünger aus, um der Welt seinen Frieden zu bringen. (Joh 20,21) Auch der Apostel Paulus erinnert in 2Kor 5,20 an diesen Auftrag. „So sind wir nun Gesandte an Christi Statt, indem Gott gleichsam durch uns ermahnt; wir bitten für Christus: Laßt euch versöhnen mit Gott." (REB) Der Gemeinde wurde der Dienst der Versöhnung gegeben. (2Kor 5,18)

Ein weiterer wichtiger Aspekt und Auftrag nach außen ist der „Liebesfaktor" innerhalb einer Gemeinde. Dieser Punkt wird deshalb an dieser Stelle und nicht unter

---

[63] Vgl. Peters George W., Gemeindewachstum, Ein theologischer Grundriß, Bad Liebenzell (Verlag der Liebenzeller Mission) 1982, 19.

[64] Als Fachausdruck gilt dieser Begriff für beide Geschlechter und schließt die „Jüngerinnen" ein.

[65] Toews Jacob, Gemeinde leben, Ein biblisches Konzept, Bielefeld (LOGOS Verlag) 1991, 117.

3.3.2 angeführt, da die Sichtbarwerdung der Liebe der Gemeindeglieder untereinander ein Zeichen für die Welt sein sollte. Dieses Liebesgebot des HERRN in Joh 13,34 ist deshalb ein Auftrag nach außen. „Daran werden alle erkennen, daß ihr meine Jünger seid, wenn ihr Liebe untereinander habt." (Joh 13,35 REB)

Im Rahmen der Forschung wird versucht, diese drei Aspekte des Auftrages nach außen, Evangelisation, Lehre und „Liebesfaktor" sichtbar zu machen. An dieser Stelle sei erwähnt, dass der diakonische Dienst in der Welt einen genauso wichtigen Auftrag der Gemeinde nach außen darstellt. Im Rahmen dieser Arbeit war aber aufgrund der Komplexität der Datenerhebung eine Beschreibung nicht möglich.

Evangelisation

Dieser Bereich wird anhand mehrerer Fragen erörtert. Bei einer Frage zeigt sich, dass sich die Anzahl der geführten Glaubensgespräche zwischen den Gemeinden der KAT A und C im oberen Bereich deutlich unterscheidet. (zehn Prozent KAT A zu vier Prozent KAT C und fünfzehn Prozent KAT A zu zehn Prozent KAT C) Auch bei den anderen Fragen ist der Unterschied signifikant. Wahrnehmung der Gemeinde von Außenstehenden bringt folgende Ergebnisse: „Ja, die Gemeinde ist bekannt" 69 Prozent KAT A zu 37 Prozent KAT C; Ich kann Gäste in den Gottesdienst mitbringen: „Ja, immer" 65 Prozent KAT A zu 38 Prozent KAT C; Besonders auffallend sind die Antworten auf die Frage, ob mich die Gemeinde, die ich derzeit besuche, zu einer lebendigen Gemeinschaft mit Jesus Christus geführt hat. Darauf antworten 58 Prozent der Kat A aber nur 36 Prozent der Kat C mit „Ja".

Ich führte in den vergangenen sechs Monaten intensive Glaubensgespräche mit Fremden

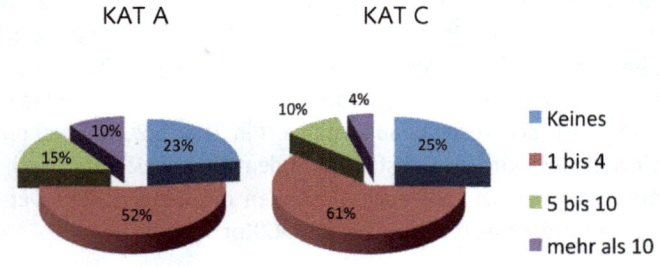

So nehmen Außenstehende unsere Gemeinde wahr

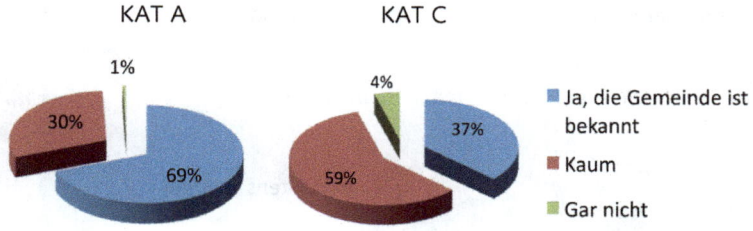

Ich kann meiner Einschätzung nach Gäste in den Gottesdienst mitbringen

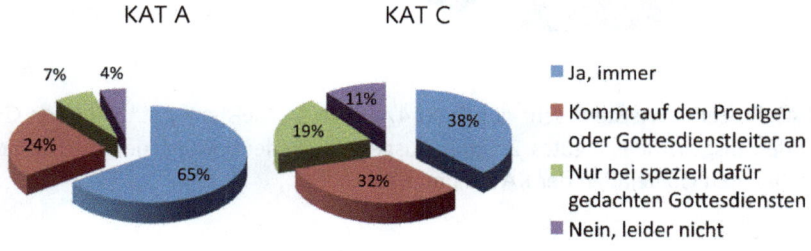

Ich wurde durch die Gemeinde, die ich derzeit besuche zu einer lebendigen Gemeinschaft mit Jesus Christus geführt

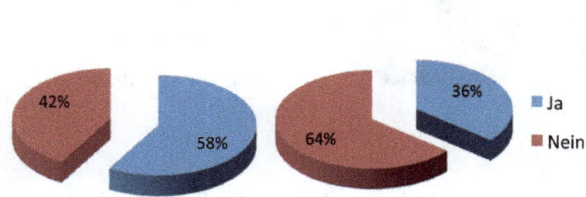

Insgesamt kann festgestellt werden, dass der Bereich „Evangelisation" mit 19,5 Prozent Abweichung an 5. Stelle der Unterschiede zwischen KAT A und KAT C gereiht ist. (Siehe Pkt. 5)

Predigt

Die Bewertung der Predigten zeigt österreichweit folgendes Bild:

So bewerte ich die Predigten in meiner Gemeinde

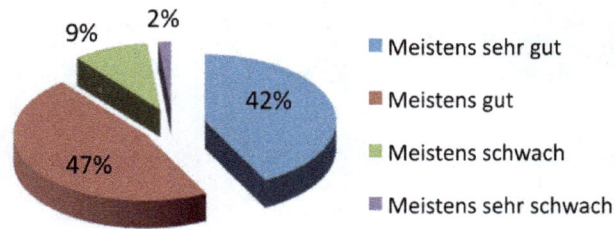

Mit 42 Prozent „Meistens sehr gut" und 47 Prozent „Meistens gut" wird den Gemeinden insgesamt ein gutes Zeugnis ausgestellt. Bedeutend ist der Unterschied zwischen den Gemeinden der KAT A und KAT C.

So bewerte ich die Predigten in meiner Gemeinde

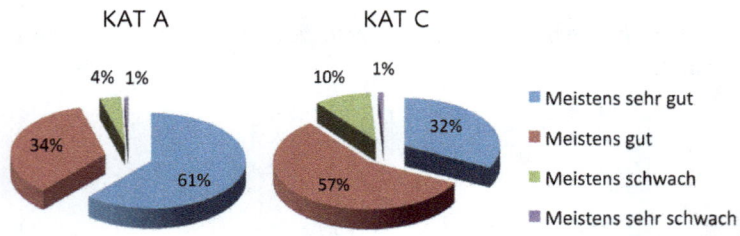

Damit zeigt sich, dass sich die KAT A Gemeinden mit 61 Prozent „Meistens sehr gut" gegenüber 32 Prozent der KAT C Gemeinden deutlich abheben. (Siehe auch „Meistens schwach" vier Prozent KAT A zu zehn Prozent KAT C.)

Insgesamt kann festgestellt werden, dass der Bereich „Predigt" mit 20,2 Prozent Abweichung zwischen den Gemeinden der KAT A und KAT C an 4. Stelle der Unterschiede steht. (Siehe Pkt. 5)

Liebesfaktor

In diesem Bereich zeigt sich folgender Unterschied:

Die Liebe unter den Gemeindegeschwistern ist meiner Wahrnehmung nach

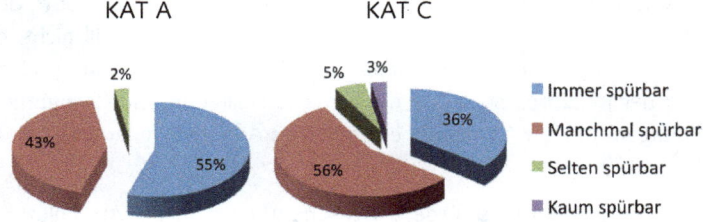

Während für 55 Prozent der Befragten innerhalb der KAT A Gemeinden die Liebe unter den Gemeindegeschwistern immer spürbar ist, sind es in der KAT C nur mehr 36 Prozent.

Ergebnis

Zusammenfassend kann festgestellt werden, dass Gemeinden der KAT A ihrem Auftrag nach außen deutlich besser nachkommen als Gemeinden der KAT C. Die Gesamtabweichung beträgt 17,7 Prozent und repräsentiert damit den größten Unterschied zwischen diesen Gemeinden. (Siehe Pkt. 5)

3.3.2. Auftrag nach innen

> „Die Ortsgemeinde ist dazu berufen, Familie und Schule des Gläubigen zu sein. In der Familie erhält das Kind Nahrung und Pflege, die es für sein Wachstum benötigt; in der Schule wird ihm Erziehung und Unterricht zuteil, die es zu einem brauchbaren und reifen Menschen machen."[66]

Die Förderung des geistlichen Wachstums der Gläubigen ist ein zentrales Thema in der Heiligen Schrift und damit der wichtigste Aspekt in der Betrachtung des Auftrages der Gemeinde nach innen.

„Und er hat die einen als Apostel gegeben und andere als Propheten, andere als Evangelisten, andere als Hirten und Lehrer, zur Ausrüstung der Heiligen für das Werk des Dienstes, für die Erbauung des Leibes Christi, bis wir alle hingelangen zur Einheit des Glaubens und der Erkenntnis des Sohnes Gottes, zur vollen Mannesreife, zum Vollmaß des Wuchses der Fülle Christi." (Eph 4,11-13 REB)

---

[66] Kuen Alfred, Gemeinde nach Gottes Bauplan, Frutigen (Schweizerische Schallplattenmission) 1975, 216.

„Laßt euch auch selbst als lebendige Steine aufbauen, als ein geistliches Haus, ein heiliges Priestertum, um geistliche Schlachtopfer darzubringen, Gott wohlannehmbar durch Jesus Christus!" (1Petr 2,5 REB)

In beiden Stellen wird sichtbar, dass es in erster Linie um qualitatives Wachstum der Gläubigen, und damit der gesamten Gemeinde Gottes geht. Je besser eine Gemeinde ihren Auftrag nach innen erfüllt, umso mehr echte Jünger wird Gott, der ja dieses Wachstum bewirkt, hervorkommen lassen. (2Tim 2,2) Gott will nicht, dass die Gläubigen in den Kinderschuhen stecken bleiben. Deshalb sind geistliches Wachstum und der Reifeprozess, sowie die vertiefte Heiligung und Reinigung der einzelnen Gläubigen und der Gemeinde ein zentrales Anliegen im Auftrag der Gemeinde nach innen.[67]

In dieser Forschung werden verschiedene Bereiche abgefragt, die Aufschluss darüber geben sollen, wie eine Gemeinde ihren Auftrag nach innen erfüllt. Von diesen verschiedenen Bereichen werden nachfolgend jene drei dargestellt, welche die deutlichsten Unterschiede zwischen KAT A und KAT C Gemeinden zeigen.

Dienen

In diesem Bereich zeigt die Forschung ein überraschendes Ergebnis. Zwar ist der Anteil jener Personen, die überhaupt nicht dienen mit dreizehn Prozent in KAT A und KAT C Gemeinden gleich hoch, aber der Anteil der Personen, die mehr als zehn Stunden pro Woche dienen ist in KAT C Gemeinden mit sieben Prozent doppelt so hoch wie in KAT A Gemeinden mit drei Prozent. Dafür ist der Anteil jener Personen die „Bis fünf Stunden" dienen, in KAT A Gemeinden mit 23 Prozent fast doppelt so hoch wie in KAT C Gemeinden mit vierzehn Prozent. Vier der sechs KAT C Gemeinden weisen in diesem Bereich sehr hohe Werte auf. Es zeigt sich, dass in KAT A Gemeinden die „Dienstbelastung" auf mehr Personen mit weniger Stunden verteilt ist, was zu mehr „Effektivität" im Vergleich zu KAT C Gemeinden führt.

Ich investiere außerhalb der Gemeindeveranstaltung in einen Dienst für meine Gemeinde pro Woche

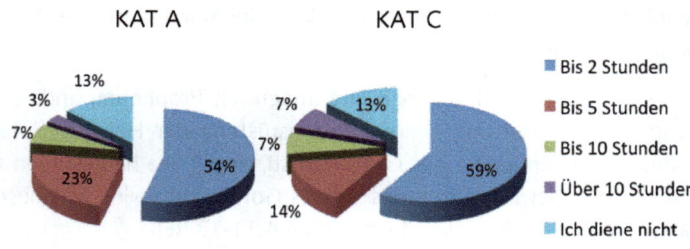

---

[67] Vgl. Mauerhofer Erich, Biblische Dogmatik, Band 2, Nürnberg (VTR) 2011, 766.

Seelsorge

Der Bereich Seelsorge ist jener, bei dem sich der größte Unterschied zwischen KAT A und KAT C Gemeinden zeigt. Die Abweichung zwischen diesen Gemeinden liegt bei 38,5 Prozent und steht damit an 1. Stelle der Unterschiede. (Siehe Pkt. 5)

Nur vier Prozent der Befragten in KAT C Gemeinden fühlen sich ausreichend seelsorgerlich betreut, hingegen fühlen sich achtzehn Prozent nicht betreut. In KAT A Gemeinden fühlen sich 27 Prozent der Befragten ausreichend betreut und nur vier Prozent nicht betreut. Besonders auffallend ist, dass der Anteil der Personen die keine Betreuung brauchen in KAT A Gemeinden bei acht Prozent, bei KAT C Gemeinden aber bei fünfzehn Prozent liegt.

Ich fühle mich in meiner Gemeinde ausreichend seelsorgerlich betreut

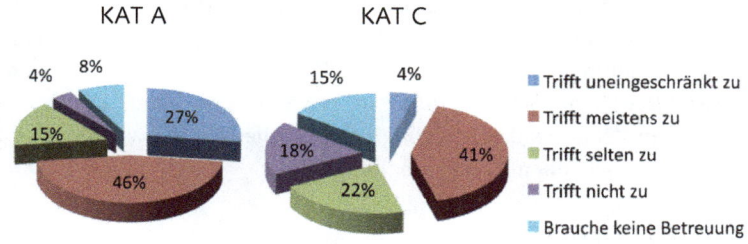

Mitarbeiter/Gemeindeglieder

In diesem Bereich wird versucht festzustellen, in welcher Weise die Gemeinde das geistliche Wachstum ihrer Mitarbeiter und Mitarbeiterinnen fördert, damit sie zu Jüngern laut 2Tim 2,2 werden. Dazu werden einige Fragen betreffend Mitarbeiter und Mitarbeiterinnen gestellt. Exemplarisch wird nur eine Grafik dargestellt. Das Gesamtergebnis in diesem Bereich zeigt, dass sich Gemeinden der KAT A deutlich besser um ihre Mitarbeiter und Mitarbeiterinnen kümmern, als dies Gemeinden der KAT C tun. Die Gesamtabweichung beträgt 15,6 Prozent zwischen diesen Gemeinden.

Nur ein Prozent der Befragten in Gemeinden der KAT C gaben an, dass die Gemeinde ihr geistliches Wachstum so fördert, wie sie es erwarten. Hingegen sind dies in KAT A Gemeinden zwölf Prozent. Nur fünf Prozent der Befragten in KAT A Gemeinden, aber fünfzehn Prozent in KAT C Gemeinden, beklagen sich über mangelnde Förderung betreffend ihres geistlichen Wachstums.

Die Gemeinde fördert mein geistliches Wachstum, wie ich es erwarte

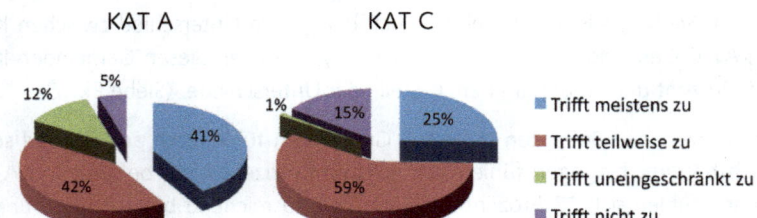

Ergebnis

Zusammenfassend kann festgestellt werden, dass Gemeinden der KAT A ihrem Auftrag nach innen zwar etwas besser nachkommen als Gemeinden der KAT C, die Gesamtabweichung beträgt aber nur 11,6 Prozent. Dabei ist aber zu berücksichtigen, dass die „Minusabweichung" im Bereich Dienen, die KAT C Gemeinden zeigen in diesem Bereich deutlich höhere Werte als KAT A Gemeinden, das Gesamtergebnis verflachen. Ohne Berücksichtigung des Bereiches Dienen würde die Abweichung im Auftrag nach innen 12,9 Prozent betragen.

3.3.3. Auftrag nach oben

> „Die nach oben gerichtete Funktion der Gemeinde beruht auf der Tatsache, dass Gott ist, der er ist, und dass die Gemeinde Jesu Christi sein Besitz ist. Sie schuldet ihm nicht nur Gehorsam und Dienst, sondern auch demütige und ehrerbietige Anbetung. Christus sagt uns, dass der Vater Menschen sucht, die ihn anbeten
> (Joh 4,23). Und er sollte sie doch gewiss in seiner Gemeinde finden. Anbetung ist sein Recht und unser Vorrecht, unsere Pflicht und ewige Berufung."[68]

Anbetung geschieht immer dort, wo Gott Ehre zu Teil wird. Immer wenn Menschen in ihrem Leben einen Herrschaftswechsel vollziehen, sie verlassen ihr eigenes Reich und treten unter die Herrschaft Gottes, in das Reich Gottes ein, geschieht Anbetung. Überall dort, wo Gemeinden nach dem Willen Gottes handeln, geschieht Anbetung.

---

[68] Peters George W., Gemeindewachstum, Ein theologischer Grundriß, Bad Liebenzell (Verlag der Liebenzeller Mission) 1982, 205.

„Wenn eine Gemeinde sich ganz auf Gott ausrichtet und alles in ihren Kräften Stehende tut, um ihn zu ehren, hat sie eine Grundlage für kompromisslose Integrität."[69]

Deshalb werden in der Forschung Fragen gestellt, die in Richtung „des Erkennens des Willens Gottes" gehen. Dies betrifft die Bereiche Gebet, Opferbereitschaft, Stille sowie die Fragen nach dem speziellen Auftrag und der Vision für die Ortsgemeinde. Zur Veranschaulichung werden jene drei Aspekte gezeigt, bei denen sich die größten Abweichungen zwischen KAT A und KAT C Gemeinden zeigen.

Auftrag

Gemeinden der KAT A gelingt es deutlich besser, den Auftrag Gottes zu erkennen, innerhalb der Gemeinde zu vermitteln und auch gut auszuführen. Nur sechs Prozent der Befragten in KAT A Gemeinden kennen den Auftrag ihrer Gemeinde nicht. In KAT C Gemeinden liegt dieser Personenanteil bei achtzehn Prozent. Auch in der Erfüllung des Auftrages unterscheiden sich die Gemeinden deutlich. Während in der KAT A 54 Prozent mit der Erfüllung des Auftrages uneingeschränkt zufrieden sind, sind es in der KAT C nur zwanzig Prozent. Die Abweichung zwischen diesen Gemeinden liegt bei 23,8 Prozent und steht damit an 3. Stelle der Unterschiede. (Siehe Pkt. 5)

Die Gemeinde hat Gottes Auftrag für sich erkannt und ist bemüht, diesen Auftrag so gut wie möglich zu erfüllen

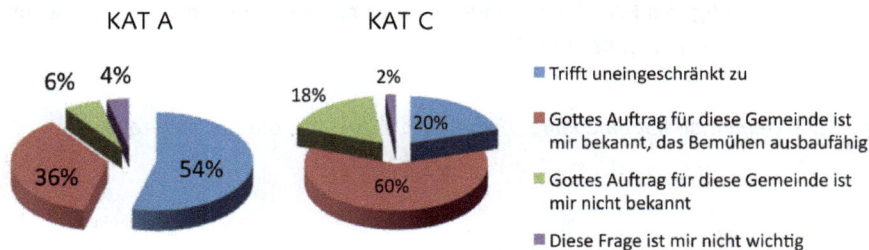

Stille

Die persönliche Stille vor Gott ist eine wesentliche „geistliche Übung", um den Willen Gottes für sich und die Gemeinde zu erkennen. Die Ergebnisse der Forschung sind in diesem Bereich sehr überraschend. Sowohl Gemeinden der KAT A als auch

---

[69] MacArthur John, Die lebendige Gemeinde, Der Plan des Baumeisters für seine Gemeinde, Berlin (Europäisches Bibel-Trainings-Centrum Berlin) 2002, 132.

der KAT C zeigen bei dieser Frage Wachstumspotenzial. Nur fünfzehn Prozent bzw. neun Prozent der Befragten halten 1x pro Woche Stille vor Gott. Der Anteil jener Personen (38 Prozent KAT A bzw. 36 Prozent KAT C), die weniger als 1x pro Jahr in die länger dauernde Stille mit Gott gehen, stimmt besonders nachdenklich. Dessen ungeachtet gibt es auch in diesem Bereich eine Abweichung zwischen den Gemeinden der KAT A und KAT C. Diese beträgt 15,8 Prozent.

Ich verbringe längere Zeit (mehr als zwei Stunden ohne Unterbrechung) allein mit Gott in der Stille

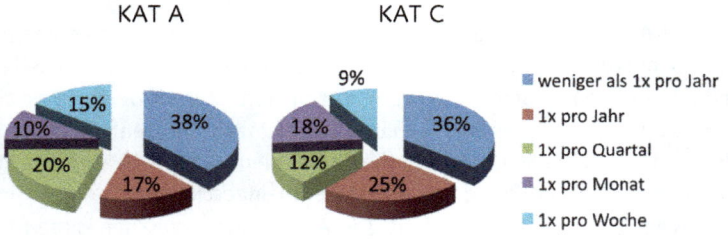

Vision

Für 37 Prozent der Befragten in KAT C Gemeinden hat die eigene Gemeinde ihrer Meinung nach keine Vision. Dieser Anteil liegt bei KAT A Gemeinden nur bei fünf Prozent. Dafür ist für siebzehn Prozent der Befragten in der KAT A diese Frage nicht wichtig, bei KAT C Gemeinden sind es nur neun Prozent. Die Abweichung in diesem Bereich liegt bei 14,9 Prozent.

Die Gemeinde hat eine klare Vision für die Zukunft, die ich auch teile

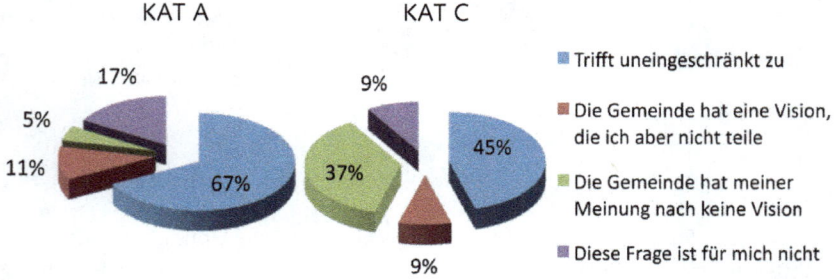

Ergebnis

Zusammenfassend kann festgestellt werden, dass Gemeinden der KAT A ihrem Auftrag nach oben zwar etwas besser nachkommen als Gemeinden der KAT C, die Gesamtabweichung aber nur 12,1 Prozent beträgt. (Siehe Pkt. 5)

3.3.4. Zusammenfassung

In diesem Kapitel wurde ausführlich dargelegt, was unter „effektiver Gemeinde" verstanden wird. Obwohl der Begriff Effektivität aus der Managementlehre kommt und in der Heiligen Schrift keine Verwendung findet, darf er, im Rahmen der Bedeutung wie er in dieser Arbeit definiert wurde, auch im Reich Gottes angewandt werden.

Effektivität bedeutet „das Richtige zu tun", im Vergleich zu Effizienz „etwas richtig zu tun". Nachdem der Begriff Effektivität erklärt wurde, musste verdeutlicht werden, wer oder was Gemeinde ist. (3.2.2.) Danach wurden beide Begriffe zusammen geführt und eine Definition von „effektiver Gemeinde" formuliert.

Effektiv ist eine Gemeinde dann, wenn die, durch eine persönliche Beziehung zu Jesus Christus, in einer lebendigen Gemeinschaft lebenden wiedergeborenen Menschen an einem bestimmten Ort und zu einer bestimmten Zeit das Richtige, nämlich den biblischen Auftrag Gottes an sie, erkennen und das Erkannte so richtig wie möglich tun.

Im nächsten Schritt war zu klären, ob und wie man „effektive Gemeinde" sichtbar machen bzw. messen kann. Um „Effektivität" beurteilen zu können, bedarf es einer weiteren Vorfrage. Es muss gefragt werden, welchen Zweck oder Auftrag ein Objekt hat. Erst nachdem diese Frage beantwortet wurde, kann untersucht werden, ob der Zweck oder Auftrag erfüllt wird. Für die Gemeinde Gottes bedeutet dies, nach Sinn, Zweck und Auftrag der Gemeinde zu fragen. Wozu gibt es Gemeinde überhaupt? Was ist der Daseinszweck der Gemeinde?

Unter Punkt 3.3. wurde dieser Frage ausführlich nachgegangen – wobei der Begriff der „Missio Dei" eine wesentliche Hilfestellung bei der Beantwortung gab. Der Zweck und Auftrag der Gemeinde gliedert sich in drei Bereiche: Dem Auftrag nach außen, nach innen und nach oben.

Die Forschung versucht aufzuzeigen und zu bewerten, in welcher Weise Gemeinden diesen drei Aufträgen nachkommen. Dabei wurde das Hauptaugenmerk auf die persönliche Reife der einzelnen Gläubigen und damit auch auf die gesamte Gemeinde gelegt. Mit anderen Worten, es wird versucht, geistliches Wachstum zu messen.

Das endgültige Ziel allen Handelns ist die Verehrung Gottes. Der Heilswille Gottes gipfelt darin, dass Menschen mit dem Allmächtigen versöhnt werden und ihm die gebührende Anbetung bringen (Joh 4,23). Die Gemeinde ist ein Werkzeug Gottes zur Erreichung dieses Zieles. Deshalb ist, nach meiner Auffassung, der Auftrag nach außen der zentrale Zweck der Gemeinde. Denn sowohl der Auftrag nach innen (Eph 4,11-13 Zurüstung zum Dienst) als auch der Auftrag nach oben (Befähigung und Orientierung zum Dienst durch die Gegenwart Gottes) dienen dazu, im Auftrag nach außen für Gott besser zur Verfügung zu stehen. Denn nur wenn die Gemeinde Bekehrungswachstum erlebt und in weiterer Folge „echte Jünger" hervorbringt, vermehren sich die Anbeter Gottes.

Als Ergebnis der Forschung zeigt sich, dass sich Gemeinden der KAT A (sogenannte „effektive Gemeinden") beim Auftrag nach außen deutlich von Gemeinden der KAT C abheben. Auch bei den Aufträgen nach innen und oben erreichen KAT A Gemeinden bessere Bewertungen. Die Annahme, dass qualitativ wachsende Gemeinden auch quantitatives Wachstum hervor bringen, wird durch die Forschung bestätigt. Es kann daher festgestellt werden, dass effektive Gemeinden allen drei Aufträgen in ausgewogener Weise besser nachkommen.

4. Effektive Gemeindeleitung

4.1. Einleitung

In Analogie zum Begriff der „effektiven Gemeinde" wird unter „effektiver Gemeindeleitung" eine Leitung verstanden, die „das Richtige tut". In diesem Kapitel soll der Frage nachgegangen werden, was im biblischen Sinne „das Richtige" für eine Gemeindeleitung ist. Wobei zuerst zu beschreiben ist, was unter den Begriffen Leitung oder Führung überhaupt zu verstehen ist. Im Gegensatz zum Terminus Gemeinde, der ein ausschließlich biblischer Begriff ist, welcher nur innerhalb der Heiligen Schrift erörtert werden kann, gibt es zu Leitung oder Führung unzählbare außerbiblische Literatur bzw. eigene Wissenschaftszweige, die sich einzeln damit beschäftigen. Aus diesem Grund soll neben der Heiligen Schrift auch vereinzelt Managementliteratur diskutiert werden. Allerdings wird nur auf jene Literatur Bezug genommen, die sich mit der Führung von NPOs beschäftigt. NPOs sind die einzigen weltlichen Organisationen, die mit der Gemeinde Gottes annähernd vergleichbar sind, da die Erreichung eines ideellen Zweckes und nicht die Maximierung eines monetären Profits im Vordergrund steht. Mitarbeiter und Mitarbeiterinnen sind in der Regel Menschen, die sich mit der Vision und dem Auftrag der NPO identifizieren und meistens ehrenamtlich, freiwillig und aus Begeisterung mitarbeiten. Das macht sie dem Leib Christi, als lebendigem Organismus, ähnlich.

Nach der begrifflichen Definition von Leitung wird der Frage nachgegangen, was die wesentlichen Aufgaben einer Gemeindeleitung sind. Entsprechend Punkt 3.3. könnten diese Aufgaben auch im Hinblick auf die drei Aufträge nach außen, nach innen und nach oben gegliedert werden. Da ich aber der Ansicht bin, dass der Auftrag nach innen die zentralste Aufgabe darstellt, werden vier Beispiele aus diesem Bereich erörtert. Gleichzeitig werden die Ergebnisse der Forschung eingearbeitet.

In der Zusammenfassung soll dann beschrieben werden, ob sich die Hypothese, „Effektive Gemeindeleitungen führen effektive Gemeinden", bestätigt und deshalb Rückschlüsse auf die Gabe der Leitungen („κυβερνήσεις, *kybernēseis*" Nomen, Plural) gezogen werden können.

4.2. Zweck und Auftrag von Leitung oder Führung

4.2.1. Biblische Bedeutung

Am Beginn der Überlegungen wird nochmals darauf hingewiesen (siehe Pkt. 1.1.), dass die persönlichen charakterlichen Eigenschaften von Leitern und deren Kompetenzen vorausgesetzt werden. Strukturfragen bzw. Formfragen der Gemeindeleitung werden hier nicht behandelt. Unter diesem Punkt geht es ausschließlich um die Funktion von Leitung bzw. Führung.

Wie unter Pkt. 2. ausführlich dargelegt, werden in der gesamten Heiligen Schrift sehr viele unterschiedliche Begriffe für Leitung und Führung verwendet. Alle diese Begriffe verdeutlichen, dass Gott jemandem Verantwortung zur Leitung und Führung seines Volkes überträgt. Einhergehend mit der Autorität schenkt Gott auch die Fähigkeiten (Gaben) für diesen Dienst. Im AT beginnt diese Übertragung der Verantwortung mit Mose und Aaron. Diese setzt sich über Josua, die Richter bis in die Königszeit fort.[70] Der Dienst der Leitung war zu diesen Zeiten immer unterschiedlich. War es die Aufgabe von Mose, das Volk aus Ägypten zu führen, musste Josua als Kriegsherr das gelobte Land erobern. Nachdem es den Richtern nicht gelang, das Chaos im Land zu ordnen, war es die Aufgabe der Könige, für Ordnung und Befriedung zu sorgen. Allesamt waren es unterschiedliche Aufgaben, die aber in ihrer Funktion immer das Gleiche beinhalteten: Das Volk Gottes „auf Kurs" zu halten. Die Funktion der Leitung war darauf ausgerichtet, dass das Volk Gott alleine vertraut (5Mo 6,5) und ein Segen für die anderen Nationen sei. (1Mo 12,2) Den Leitern, die das Volk Gottes von diesem Weg abbrachten, sprach Gott ein deutliches „Wehe" aus.

„Wehe den Hirten, die die Schafe meiner Weide zugrunde richten und zerstreuen! spricht der HERR. ² Darum, so spricht der HERR, der Gott Israels, über die Hirten, die mein Volk weiden: Ihr habt meine Schafe zerstreut und sie vertrieben und habt nicht nach ihnen gesehen. Siehe, ich werde die Bosheit eurer Taten an euch heimsuchen, spricht der HERR." (Jer 23,1-2 REB)

Im NT bleibt die Funktion von Leitung gleich. Auch wenn das Haupt und damit der Oberhirte Jesus Christus höchst persönlich ist, sind die „Unterhirten" dafür verantwortlich, die Gemeinde „auf Kurs" zu halten. Es geht darum, die Gemeinde in die Gegenwart Gottes zu führen und Menschen zu Jüngern zu machen. Auch wenn zu unterschiedlichen Zeiten und an unterschiedlichen Orten unterschiedliche Aufgaben für die Leiter zu erledigen sind, bleibt der Fokus immer gleich: Die Gemeinde hat ihren von Gott gegebenen Auftrag zu erfüllen.

4.2.2. Bedeutung in Non Profit Organisationen

In NPOs hat die Geschäftsführung die gleiche Bedeutung. Sie muss ihre Organisation an die ureigenen Ziele erinnern und die Erfüllung dieser Ziele fördern. Dabei müssen immer wieder die gleichen Fragen gestellt werden: „Wofür setzen wir uns ein? Und was erreichen wir tatsächlich?"[71]

---

[70] Vgl. Reinke Joost, Dynamisch leiten, Entwurf eines freikirchlichen Leitungsverständnisses, Bonn (Verlag für Kultur und Wissenschaft) 1998, 58ff.

[71] Vgl. Bono Maria Laura, Performance Management in NPOs, Steuerung im Dienste sozialer Ziele, Baden-Baden (Nomos Verlagsgesellschaft) 2010, 5.

4.3. Begriffsdefinition

4.3.1. Die Begriffe „Führung, Leitung, Management"

Die Begriffe Führung, Leitung und Management werden in den Lexika kaum unterschieden. Im Duden wird Management als „Leitung, Führung eines Unternehmens, die Planung, Grundsatzentscheidungen o.Ä. umfasst" beschrieben.[72] Wahrig versteht unter Management die Leitung eines Unternehmens und unter managen etwas handhaben, zustande bringen, oder geschickt bewerkstelligen.[73] In der Managementliteratur stellt sich der Begriff Management viel umfangreicher dar. Abgeleitet aus dem Lateinischen „manum agere", an der Hand führen, beschreibt Management alle Gesichtspunkte einer zielgerichteten Führung von Unternehmen.[74] In den letzten Jahrzehnten hat sich aber eine Differenzierung zwischen Management und Führung entwickelt. Covey beschreibt, wie zwischen Management und Führung zu unterscheiden ist.

> „Management ist ausgerichtet auf Ergebnisse unter dem Strich (bottom-line Fokus). Wie kann ich bestimmte Dinge am besten bewerkstelligen? Führung beschäftigt sich mit der großen Linie (top-line Fokus): Welches sind die Dinge, die ich bewerkstelligen will? Mit den Worten von Peter Drucker und Warren Bennis: ‚Management ist, wenn man die Dinge richtig macht; Führung ist, wenn man die richtigen Dinge macht.' Management ist die Effizienz beim Erklimmen der Erfolgsleiter; Führung bestimmt, ob die Leiter an der richtigen Wand steht."[75]

Für Maxwell bedeutet Management, das Programm eines Betriebes zu starten und Ziele umzusetzen. Bei Führung geht es allerdings darum, Visionen zu entwickeln und Menschen zu motivieren.[76] Was genau unter Führung bzw. unter einer Führungskraft zu verstehen ist, darüber gibt es viele Sichtweisen.[77] Allein in der deutschsprachigen Literatur gibt es, nach Neuberger, 39 Definitionen.[78] Kessler versteht Führer in einem sehr weiten Sinne:

---

[72] Duden, Das Fremdwörterbuch, Band 5, Mannheim (Dudenverlag) 2012, 10. aktualisierte Auflage, 627.
[73] Vgl. Wahrig Gerhard, Fremdwörterlexikon, München (Verlagsgruppe Bertelsmann GmbH/Mosaik Verlag GmbH) 1985, 448.
[74] Vgl. Bono Maria Laura, Performance Management in NPOs, Steuerung im Dienste sozialer Ziele, Baden-Baden (Nomos Verlagsgesellschaft) 2010, 5.
[75] Covey Stephen R., Die 7 Wege zur Effektivität, 15. Auflage Offenbach (Gabal Verlag GmbH) 2009, 116.
[76] Vgl. Maxwell John C., Das Maxwell Konzept, Entwickeln Sie Ihre Führungsqualität, Weinheim (Wiley-VCH Verlag GmbH & CoKGaA) 2009, 13.
[77] Vgl. Kessler Volker, Vier Führungsprinzipien der Bibel, Dienst, Macht, Verantwortung und Vergebung, Giessen (Brunnen Verlag) 2012, 7.
[78] Zit. nach Kessler, Ebd. 79.

„Ein Führer ist eine Person, der andere folgen."[79]

Trotz der historischen Belastung des Begriffes „Führer" verwendet Kessler diesen Begriff lieber als „Leiter", da der Ausdruck „Leiter" für ihn technisch klingt und das Organisatorische betont, Führer (engl. Leader) aber umfassender ist.[80]

Im Rahmen dieser Arbeit wird zwar zwischen Management und Führung unterschieden, nämlich in gleicher Weise wie Effektivität von Effizienz (siehe Pkt. 3.2), aber nicht zwischen Führung und Leitung. Deshalb werden nachfolgend die Begriffe Führung und Leitung synonym verwendet.

4.3.2. Unterschied zwischen Leitung und Dienst

Ian Jagelmann widmet in „Leiten, Dienen, Zukunft bauen" ein ganzes Kapitel der Unterscheidung zwischen Leitung und Dienst.[81] Er beschreibt, dass es im Management von Unternehmen längst bekannt ist, dass sich die Rolle der Geschäftsführung mit dem Wachstum des Unternehmens verändern muss. Dies trifft genauso auf die Gemeinde Gottes zu, wie die nachfolgende Grafik verdeutlichen möchte.

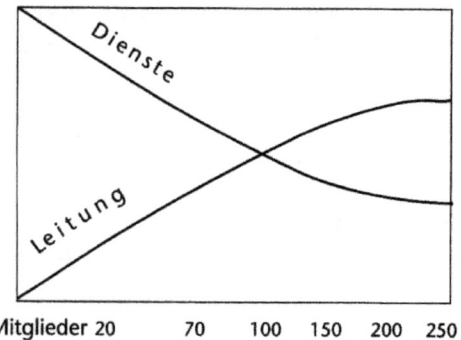

Jagelmann sieht in kleineren Gemeinden, bis 100 Mitglieder, die Leiter eher in Dienstaufgaben, wie zum Beispiel das Predigen. Je größer die Gemeinde wird, laut Grafik ab 100 Mitglieder, und je mehr Mitarbeiter und eingesetzt werden, desto mehr müssen Leitungsaufgaben, wie zum Beispiel Mitarbeiterführung, wahrgenommen werden.

Diese Unterscheidung soll keinesfalls dazu führen, dass man den Grundsatz von „dienenden Leitern", wie in 1Petr 5,1ff gefordert, verwirft. Dies geschieht vor al-

---

[79] Ebd., 7.
[80] Vgl. Ebd., 79.
[81] Vgl. Jagelman Ian, Leiten, Dienen, Zukunft bauen, In der Gemeinde Menschen führen, Teams fördern, Wachstum erleben, Gießen (Brunnen Verlag) 2002, 11ff.

lem dann nicht, wenn man Führen auch als Dienstfunktion erkennt. Volker Kessler beschreibt sehr gut, wie dienende Führung aussieht und wie sie gelingen kann.

„Führung findet statt, wenn andere folgen. Andere können nur folgen, wenn der Führende vorangeht, vorausdenkt, voraussieht. Eine Führungskraft kann sich zu einem gegebenen IST-Zustand immer einen besseren SOLL-Zustand vorstellen."[82]

Bleibt nur mehr zu beantworten, was in der Praxis konkret mit Führungsaufgaben gemeint ist. Im Rahmen dieser Arbeit werden folgende vier Aufgaben als Führungsaufgaben definiert, ohne dabei einen Anspruch auf Vollständigkeit zu erheben. Diese vier werden ausgewertet, da sie biblisch und wichtig sind, und auch in der Managementliteratur als bedeutend erachtet werden. Es handelt sich dabei um:

- Vision und Auftrag erkennen und vermitteln
- Mitarbeiterführung
- Konfliktlösung
- Kommunikation (Information als Bringschuld)

4.4. Führungsaufgaben von Gemeindeleitung

Alle Führungsaufgaben von Gemeindeleitungen haben ihre Gemeinsamkeit darin, dass sie der Steuerung „*kybernēseis*" der Gemeinde dienen. Diese Steuerung zielt darauf ab, dass die Gemeinde ihren Zweck und Auftrag so gut wie möglich erfüllt. Unter 3.3. wird ausführlich dargelegt, was dieser Zweck der Gemeinde Gottes ist. Die Gemeindeleitungen haben daher ihre Aufgaben so auszurichten, dass dieser Gemeindezweck erfüllt wird. Dabei sind Organisationsfragen genauso wichtig wie Evaluierungsfragen, die gewährleisten, dass die gewählten Strategien tatsächlich fruchtbringend sind und diese die Gemeinde „auf Kurs" halten. Gemeindeleitungen müssen sich unmittelbar von Gott für diese schwierige Aufgabe berufen wissen.

„Eine gute christliche Führungskraft dient erstens Gott, zweitens ihrer Organisation und drittens den Menschen innerhalb dieser Organisation. Im Normalfall passen diese drei Dienste zusammen. Im Konfliktfall ist allerdings eine Führungskraft zuerst Gott gegenüber verpflichtet, dann dem Auftrag, zu dem sie berufen wurde, und dann den Mitarbeitern, die ihr helfen sollen, diesen Auftrag zu erfüllen."[83]

---

[82] Kessler Volker, Vier Führungsprinzipien der Bibel, Dienst, Macht, Verantwortung und Vergebung, Giessen (Brunnen Verlag) 2012, 16.
[83] Ebd. 27.

Diese Aussagen, die für christliche Führungskräfte in weltlichen Unternehmen gelten, müssen noch mehr in der „Firma Gottes", seiner Gemeinde, Berücksichtigung finden.

Nachfolgend werden die vier genannten Führungsaufgaben im Detail beschrieben.

4.4.1. Vision und Auftrag

Vision

„Das Herzstück guter Führung ist eine Vision – meiner Meinung nach die schlagkräftigste Waffe im Arsenal eines Leiters. Es gibt Dutzende von Definitionen für ‚Vision', doch die meiner Ansicht nach griffigste lautet: ‚Eine Vision ist ein Bild der Zukunft, das Begeisterung auslöst.'"[84]

Diese Vision muss immer wieder neu ins Gedächtnis gerufen werden, denn die Menschen haben die Vision, die sie am Sonntag gehört haben, am Dienstag schon wieder vergessen. Der Visionstank muss immer wieder neu gefüllt werden.[85]

„Die meisten halten ‚Vision' für die Fähigkeit, in die Zukunft zu sehen. Aber in der sich heute so schnell verändernden Welt ist Vision auch die Fähigkeit, die gegenwärtigen Veränderungen richtig einzuschätzen und einen Vorteil aus ihnen zu ziehen. Vision heißt, wachsam für sich bietende Gelegenheiten zu sein."[86]

Ian Jagelmann definiert Vision mit dem „Was wir sind oder was wir sein sollen."[87] Er beschreibt, dass die Vision nur ein Teil des Gesamtbildes ist. Das Gesamtbild, das Gemeindeleitbild, besteht aus der Gemeindevision, dem Gemeindeauftrag (was wir tun bzw. was wir tun sollen) und den Grundwerten (was uns trägt bzw. was bei uns gelten soll). Für Jagelman ist das die Grundlage für wirkungsvolles miteinander Arbeiten. Es stellt die Basis dafür dar, dass eine Gemeinde die gleiche Blickrichtung hat.[88]

John C. Maxwell beschreibt ausführlich, wie wichtig Visionen beim Führen sind, sie stellen das unentbehrliche Element dar. Führungskräfte haben eine Vision dessen, was sie erreichen wollen. Sie wird zum Motor, der Probleme löst und der Mitarbeiter ansteckt nachzufolgen. Wobei Leiter nie weiter führen können als sie selbst gewesen sind. Führungskräfte finden zuerst eine Vision und danach erst die Mitstrei-

---

[84] Hybels Bill, Die Kunst des Führens, Meine Führungsprinzipien auf den Punkt gebracht, Asslar (Gerth Medien GmbH) 2009, 42.
[85] Vgl. Ebd., 77ff.
[86] Warren Rick, Kirche mit Vision, Asslar (Projektion J Verlag) 1995, 29f.
[87] Vgl. Jagelman Ian, Leiten, Dienen, Zukunft bauen, In der Gemeinde Menschen führen, Teams fördern, Wachstum erleben, Gießen (Brunnen Verlag) 2002, 10.
[88] Vgl. Ebd., 38ff.

ter. Maxwell unterscheidet zwischen visionären Menschen und einem Menschen mit Vision: [89]

- Ein Mensch mit einer Vision redet wenig und tut viel.
- Ein visionärer Mensch tut wenig und redet viel.
- Ein Mensch mit einer Vision zieht seine Stärke aus inneren Überzeugungen.
- Ein visionärer Mensch zieht seine Stärke aus äußeren Bedingungen.
- Ein Mensch mit einer Vision macht weiter, wenn Probleme auftauchen.
- Ein visionärer Mensch gibt auf, wenn die Wegstrecke schwierig wird.

Alle diese Ausführungen zeigen, worum es bei Visionen geht. Eine Schar unterschiedlicher Menschen, mit unterschiedlichen persönlichen Hintergründen, unterschiedlichen Begabungen und Persönlichkeiten, soll eine gemeinsame Blickrichtung bekommen, um gemeinsam ihre Ressourcen für ein definiertes Ziel einzusetzen. Die biblische Bestätigung zu diesem Denken findet sich im Bild des Leibes in 1Kor 12. Effektive Leiter schaffen es besser als andere, Menschen Visionen vor Augen zu stellen, denen sie gerne und mit Begeisterung folgen. Dies natürlich mit dem Anspruch, dass diese Visionen Gottes Auftrag widerspiegeln. Dies bestätigt sich auch in der durchgeführten Forschung.

Gemeinden der KAT A gelingt es deutlich besser, der Gemeinde eine Vision zu vermitteln, mit der sich die Gemeindeglieder auch identifizieren können (s. Pkt. 3.3.3). Österreichweit zeigt sich im Vergleich der Gruppen „Leitung sehr gut" und „Leitung mittelmäßig/schwach" folgendes Bild:

Die Gemeinde hat eine klare Vision für die Zukunft, die ich auch teile

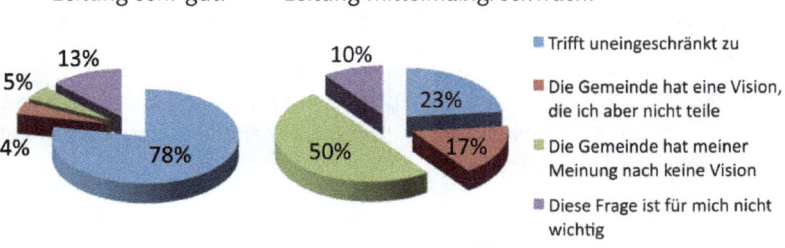

---

[89] Vgl. Maxwell John C., Das Maxwell Konzept, Entwickeln Sie Ihre Führungsqualität, Weinheim (Wiley-VCH Verlag GmbH & CoKGaA) 2009, 173ff.

Der Unterschied zwischen den beiden Gruppen ist mit 78 Prozent zu 23 Prozent „Trifft uneingeschränkt zu" sehr hoch. Noch deutlicher ist der Abstand fünf Prozent zu 50 Prozent bei der Antwort „Die Gemeinde hat meiner Meinung nach keine Vision".

Damit bestätigt sich die Wichtigkeit einer Vision. Menschen wollen ihr Leben für ein sinnvolles Ziel investieren. Es ist daher die Aufgabe von effektiven Gemeindeleitungen, dieses Ziel zu definieren. Führungen, denen das gelingt, können mit dem Engagement von Menschen, der Nachfolge, rechnen. Das gilt für die Gemeinde genauso wie für NPOs. Gemeindeleitungen müssen sich aber bewusst sein, dass es nicht gelingen wird, eine eigene Vision anderen „überzustülpen". Sie müssen ihre Vision in die Herzen der Gemeindeglieder pflanzen, sodass die Vision zur eigenen wird. Wie das gelingen kann, beschreibt Antoine de Saint-Exupery treffend:

> „Wenn Du ein Schiff bauen willst, dann trommle nicht Männer zusammen um Holz zu beschaffen, Aufgaben zu vergeben und die Arbeit einzuteilen, sondern lehre die Männer die Sehnsucht nach dem weiten, endlosen Meer."[90]

Auftrag

Manche Autoren unterscheiden nicht zwischen den Begriffen Vision und Auftrag. Im Rahmen dieser Arbeit wird aber zwischen diesen beiden Begriffen insoweit unterschieden, als dass die Vision etwas in der Zukunft Liegendes, ein verändertes noch zu erreichendes Ziel umschreibt. Beim „Auftrag" geht es um konkretes Handeln. Der Auftrag muss in der Vision Deckung finden, denn alles Handeln soll dazu dienen, die Vision zu erfüllen.

Peter Drucker erkennt eine effektive Führungskraft daran, dass sie fragt: „Was ist zu tun?", und nicht: „Was möchte ich tun?". Meistens ergeben sich aus der Frage: „Was ist zu tun?" viele dringende Aufgaben. Effektive Leiter konzentrieren sich aber auf das Wesentliche. Sie können Prioritäten setzen und halten diese ein. Die zweite Frage ist genauso wichtig: „Was ist das Richtige für das Unternehmen?".[91] Damit gelingt es deutlich besser, bei der Auswahl der vielen Aufgaben die richtigen Prioritäten zu setzen.

Wie unter Pkt. 3.3.3 dargestellt, ist das Erkennen und Ausführen des Auftrages, Gottes Auftrag an seine Gemeinde, das drittgrößte Unterscheidungsmerkmal zwischen KAT A und KAT C Gemeinden.

Österreichweit zeigt sich beim Thema Leitung bei dieser Frage, dass in der Gruppe „Leitung sehr gut" nur fünf Prozent der Befragten keinen Auftrag erkennen und nur 33 Prozent mit der Ausführung des Auftrages unzufrieden sind. Für 60 Prozent

---

[90] Unbekannte Quelle.
[91] Vgl. Drucker Peter, Paschek Peter (Hrsg.), Kardinaltugenden effektiver Führung, Heidelberg (Süddeutscher Verlag) 2007, 10f.

ist der Auftrag klar definiert und auch das Bemühen vorhanden. Der Vergleich mit der Gruppe, welche ihre Gemeindeleitung mit „Leitung mittelmäßig/schwach" beurteilt, zeigt, dass 27 Prozent keinen Auftrag erkennen, für 61 Prozent das Bemühen ausbaufähig ist und für nur neun Prozent der Befragten der Auftrag klar ist.

Die Gemeinde hat Gottes Auftrag für sich erkannt und ist bemüht, diesen Auftrag so gut wie möglich zu erfüllen

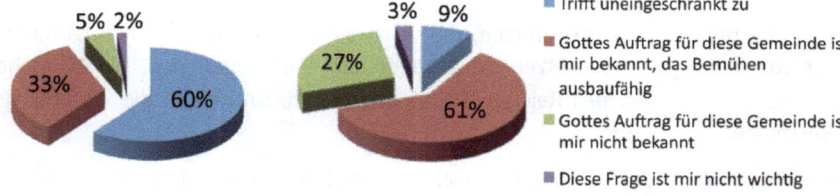

Abschließend soll darauf hingewiesen werden, dass die Vermittlung von Vision und Auftrag die zentrale „Führungsaufgabe" bezeichnet. Biblisch gesehen deckt sich dies unmittelbar mit dem Begriff des Steuermannes, der *„kybernēseis"*. Der Steuermann ist nicht der Kapitän, der in der Gemeinde Gottes stets Jesus Christus bleiben muss, sondern der, der für den Kurs verantwortlich ist. Dabei ist der Blick in Richtung des Zieles nötig, wie in der Abbildung veranschaulicht. Wenn selbst gerudert wird, sitzt man mit dem Rücken zum Ziel und das Kurshalten wird ungleich schwieriger.

Ruderrettungsboot „Fürst Bismarck"; Quelle: http://www.seenotretter.de, abgerufen am 14.12.2012

4.4.2. Mitarbeiterführung

Eine weitere wichtige Führungsaufgabe für Gemeindeleitungen ist die Mitarbeiterführung. Sie ist das zentrale Thema, wenn es um den Auftrag der Gemeinde nach innen geht. Eph 4,11ff entsprechend hat Gott Leiter in seiner Gemeinde eingesetzt, damit Mitarbeiter für den Dienst zugerüstet werden. Mitarbeiter müssen in die Selbstständigkeit, in die Selbstverantwortung geführt werden.[92] Paulus spricht davon in 2Tim 2.2: „Und was du von mir in Gegenwart vieler Zeugen gehört hast, das vertraue treuen Menschen an, die tüchtig sein werden, auch andere zu lehren!" (REB)

Führung bedeutet alle Ressourcen, die Gott seiner Gemeinde zur Verfügung stellt für „das Richtige" einzusetzen. Mitarbeiter und Mitarbeiterinnen, die Menschen, die sich für den Bau des Reiches Gottes investieren, sind dabei die wesentlichste Ressource.

Für Gemeindeleitungen ist daher wichtig darauf zu achten, dass Mitarbeiter und Mitarbeiterinnen ihre Gaben kennen und diese dementsprechend eingesetzt werden. Es ist entscheidend, dass sie in ihrem Dienst ermutigt und wertgeschätzt werden, dass sie Gelegenheiten zum „Lernen" im Dienst haben. Das heißt, dass es eine Fehlerkultur gibt, die es ermöglicht, im Dienst zu wachsen. Dazu gehört vor allem regelmäßiges Feedback. Alle diese Bereiche werden im Rahmen der Forschung abgefragt und unter dem Bereich „Mitarbeiter" zusammengefasst.

Nachfolgend sollen einige Grafiken exemplarisch zeigen, wie groß sich der Unterschied zwischen „Leitung sehr gut" und „Leitung mittelmäßig/schwach" darstellt.

Ich wurde für meine Dienste vorbereitet und werde begleitet

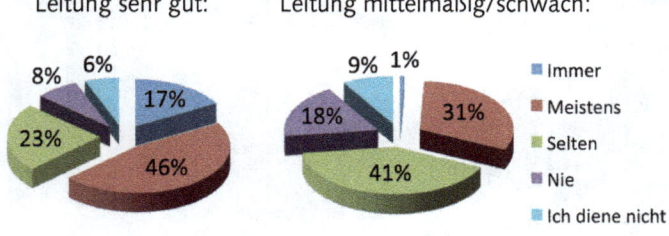

---

[92] Vgl. Kessler Volker, Vier Führungsprinzipien der Bibel, Dienst, Macht, Verantwortung und Vergebung, Giessen (Brunnen Verlag) 2012, 23f.

Sehr gute Leitungen bereiten ihre Mitarbeiter und Mitarbeiterinnen besser für die Dienste vor. Siebzehn Prozent der Befragten bestätigen das, im Vergleich zu einem Prozent bei „Leitung mittelmäßig/schwach". Auch der Anteil der Personen, die nicht Dienen ist mit neun Prozent deutlich höher als der Anteil mit sechs Prozent bei sehr guten Leitungen. Achtzehn Prozent bei „Leitung mittelmäßig/schwach" beklagen, dass sie „Nie" bei ihren Diensten begleitet werden, im Gegensatz zu nur acht Prozent bei sehr guten Leitungen.

Ich erhalte Rückmeldung für meine Dienste

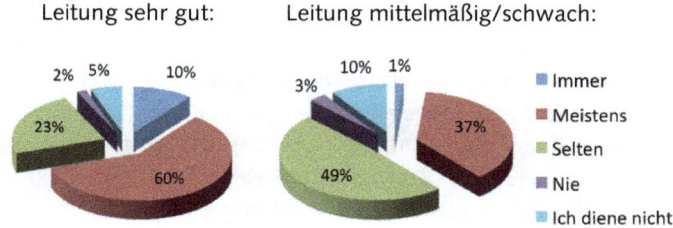

Personen mit sehr guten Gemeindeleitungen bestätigen mit zehn Prozent „Immer" und 60 Prozent „Meistens", dass sie für ihre Dienste Feedback erhalten. Bei „Leitung mittelmäßig/schwach" sind das nur mehr ein Prozent bzw. 37 Prozent.

Ich fühle mich in meinem Dienst ermutigt

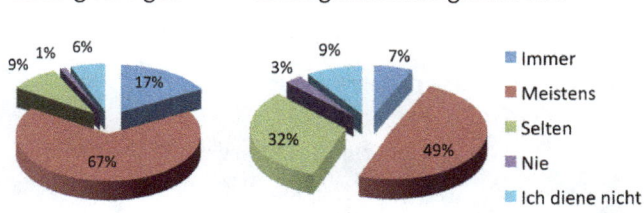

Auch die Ermutigung fällt bei sehr guten Leitungen mit siebzehn Prozent „Immer" und 67 Prozent „Meistens" deutlich besser aus als im Vergleich sieben Prozent und 49 Prozent.

4.4.3. Konfliktlösung

Entsprechend der Differenzierung unter Pkt. 4.3.2 wäre dieser Bereich eher unter Dienstaufgaben als unter Leitungsaufgaben einzureihen. Allerdings zeigt die Forschung gerade in diesem Punkt so signifikante Werte, sodass es eine detaillierte Beschreibung erforderte. Dabei sei erwähnt, dass Leiter im Bereich Konflikte sehr aufmerksam sein müssen. Es erfordert die Fähigkeit, zuhören zu können und offen für Kritik zu sein. Dadurch sind sie in der Lage Konfliktpotenzial aufzuspüren. Das Erkennen und Analysieren von Problemen ist jedenfalls eine wichtige Leitungsaufgabe. Die tatsächliche Lösung der Konflikte folgt im zweiten Schritt.

Die Heilige Schrift weist uns unter anderem in Hebr 12,15 auf die Gefährlichkeit von ungelösten Konflikten hin. „Und achtet darauf, daß nicht jemand an der Gnade Gottes Mangel leide, daß nicht irgendeine Wurzel der Bitterkeit aufsprosse und (euch) zur Last werde und durch sie viele verunreinigt werden." (REB) In diesem Zusammenhang muss auch auf die Pflicht zur Vergebung und Versöhnung hingewiesen werden (siehe Kol 3,13; Mt 18,21ff). Leiter haben darauf zu achten, dass Konflikte gelöst werden, indem Vergebung und Versöhnung stattfindet. Ein wichtiger Rahmen solcher Prozesse ist die Seelsorge. Der Bereich Seelsorge ist jener, der den größten Unterschied zwischen KAT A und KAT C Gemeinden aufweist (siehe Pkt. 3.3.2). Seelsorge, Konfliktlösung und Heilung von Verletzungen sind somit zentrale Themen, die in den Führungsaufgaben von Gemeindeleitungen hohe Priorität haben und beachtet werden müssen.

Die nachfolgenden Grafiken zeigen die Unterschiede zwischen „Leitung sehr gut" und „Leitung mittelmäßig/schwach" in diesen Bereichen.

Ich fühle mich in meiner Gemeinde ausreichend seelsorgerlich betreut

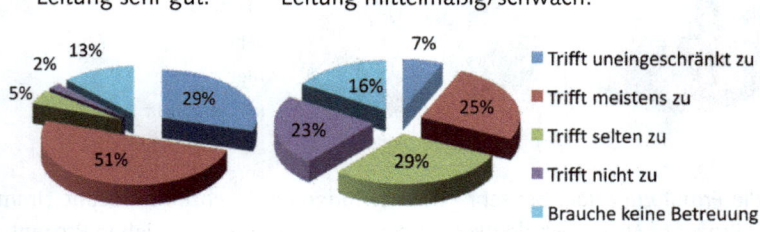

29 Prozent der Befragten mit sehr guter Leitung fühlen sich ausreichend seelsorgerlich betreut, während es bei „Leitung mittelmäßig/schwach" nur sieben Prozent sind. Noch signifikanter fällt der Unterschied bei der Antwort „Trifft nicht zu" mit zwei Prozent zu 23 Prozent aus.

Ich leide in meiner Gemeinde an ungelösten Konflikten mit Geschwistern

Leitung sehr gut: Leitung mittelmäßig/schwach:

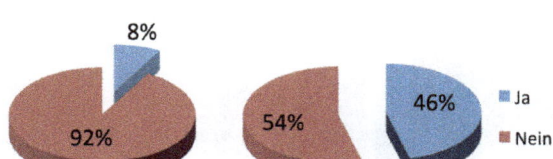

46 Prozent der Personen von „Leitung mittelmäßig/schwach" leiden unter ungelösten Konflikten mit Geschwistern. Bei sehr guten Leitungen sind dies nur acht Prozent.

Ich trage ungeheilte Verletzungen aus dieser Gemeinde mit mir

Leitung sehr gut: Leitung mittelmäßig/schwach:

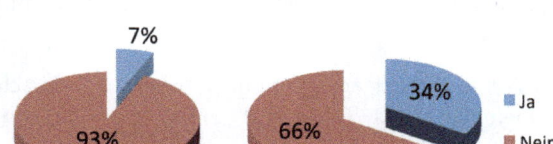

Auch bei der Frage nach ungeheilten Verletzungen fällt der Unterschied mit 34 Prozent zu sieben Prozent sehr deutlich aus.

Die Ergebnisse lassen den Schluss zu, dass die Beurteilung der Leitung unmittelbar mit der Lösung persönlicher Konflikte der Gemeindeglieder in Zusammenhang steht. Diese Aussage wird durch die gesonderte Auswertung jener Gruppe, die ihre Gemeindeleitung mit „schwach" beurteilten, deutlich bestätigt. 69 Prozent leiden unter ungelösten Konflikten und 61 Prozent tragen ungeheilte Verletzung aus der Gemeinde mit sich.

Leitung schwach

Leide unter ungelösten Konflikten   Trage ungeheilte Verletzungen

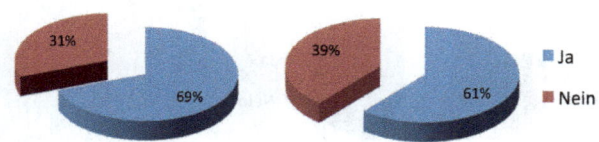

4.4.4. Kommunikation

Kommunikation ist ein häufiges Problemfeld in menschlichen Beziehungen. Nur selten kommt eine Botschaft beim Empfänger so an, wie es der Sender der Botschaft beabsichtigt. Die biblische Begründung für diesen Umstand findet sich einerseits im Sündenfall, bei welchem nicht nur die Beziehung zu Gott gestört wurde, sondern neben dem Bezug zur Schöpfung auch die Beziehung der Menschen untereinander in Mitleidenschaft gezogen wurde. Andererseits hat Gott durch die Sprachenverwirrung selbst dafür gesorgt, dass sich die Menschen nicht mehr ausreichend untereinander verständigen können.

„Und dann sagte er: Ans Werk! Wir steigen hinab und verwirren ihre Sprache, damit niemand mehr den anderen versteht!" (1Mo 11,8 GNB)

Wenn schon die Verständigung zwischen zwei Menschen eine Herausforderung darstellt, wie viel mehr dann die Kommunikation in komplexen Systemen? Je größer eine Organisation ist, umso aufwendiger die Leitungsaufgabe der Kommunikation. Jede Leitung, sei es in Unternehmen oder in der Gemeinde, hat die Aufgabe, die nötigen Informationen dort hinzubringen, wo sie hin gehören. Deshalb kann man von einer Bringschuld der Leitung sprechen. Die Steuerung komplexer Systeme kann nur funktionieren, wenn gute Kommunikation gelingt.

Da NPOs sehr stark von der Mitarbeit ehrenamtlicher Personen abhängig ist, ist gute Kommunikation von wesentlicher Bedeutung. Die Leistungsbereitschaft wird nicht durch externe Faktoren, wie zum Beispiel Gehaltsanreize, gefördert, sondern Ehrenamtliche haben eine intrinsische Motivation zur Mitarbeit. Deshalb sind sie innerhalb einer Organisation schwieriger zu führen als Hauptamtliche. Man kann ihnen nicht einfach sagen, was sie zu tun haben. Da die Unternehmensziele nicht durch ausdrückliche Anweisungen erreicht werden können, geschieht dies indirekt über Anerkennung und Kommunikation. Allein die Intensivierung der Kommunikation signalisiert Zustimmung oder Ablehnung. Zurückhaltung bedeutet somit eine gewisse Form der Kritik.[93]

In diesem Punkt sind NPOs mit der Gemeinde Gottes stark vergleichbar, wenngleich in der Gemeinde die intrinsische Motivation der Gemeindeglieder der innewohnende Geist Gottes sein muss. Trotzdem bedarf es intensiver und guter Kommunikation, um alle Glieder der Gemeinde für den Dienst „zuzurüsten". Nur durch transparente Entscheidungen und verständliche Kommunikation gelingt es, dass alle Glieder ihre Gaben in den Dienst der Gemeinde stellen. Nur so kann das Bild des funktionierenden Leibes entsprechend 1Kor 12 verwirklicht werden.

Die Untersuchung zeigt, dass Gemeinden der KAT A im Bereich Kommunikation und Informationsvermittlung deutlich besser abschneiden als Gemeinden der KAT C.

Ich weiß, wer die Ansprechpartner für meine Anliegen sind

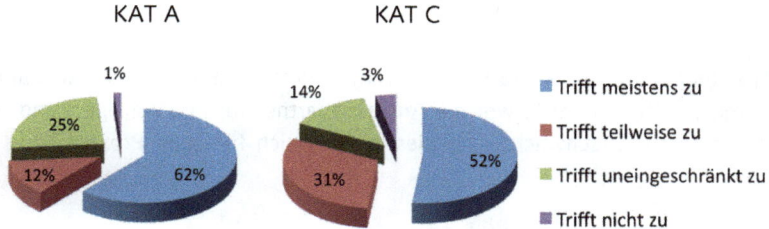

25 Prozent der Befragten in KAT A wissen, wer ihre Ansprechpartner sind, während es in KAT C Gemeinden nur vierzehn Prozent sind.

Ich fühle mich in der Gemeinde gut informiert

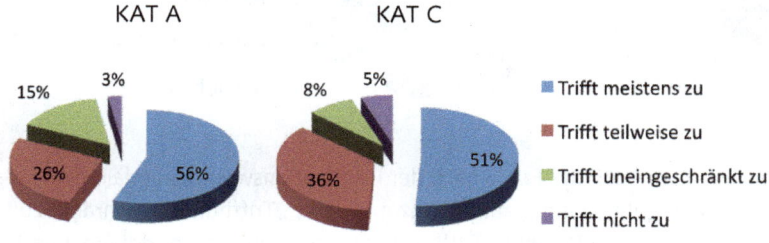

---

[93] Vgl. Bono Maria Laura, Performance Management in NPOs, Steuerung im Dienste sozialer Ziele, Baden-Baden (Nomos Verlagsgesellschaft) 2010, 107.

Auch bei der Frage nach der Informationsweitergabe schneiden KAT A Gemeinden mit fünfzehn Prozent „Trifft uneingeschränkt zu" deutlich besser ab als KAT C Gemeinden mit acht Prozent.

Dass gute Kommunikation eine wesentliche Leitungsaufgabe darstellt, zeigt der Vergleich zwischen „sehr guter" und „mittelmäßig/schwacher" Leitung.

Ich weiß, wer die Ansprechpartner für meine Anliegen sind

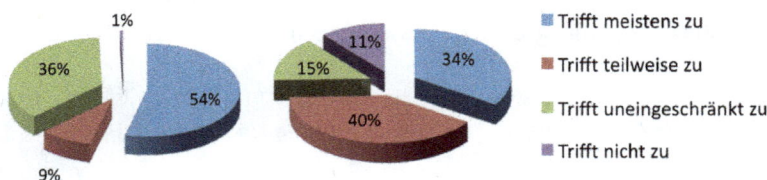

Bei sehr guter Leitung wissen 36 Prozent („Trifft uneingeschränkt zu") bzw. nur ein Prozent mit „Trifft nicht zu", wer die Ansprechpartner für ihre Anliegen sind. Bei „Leitung mittelmäßig/schwach" sind dies im Vergleich fünfzehn Prozent bzw. elf Prozent.

Ich fühle mich in der Gemeinde gut informiert

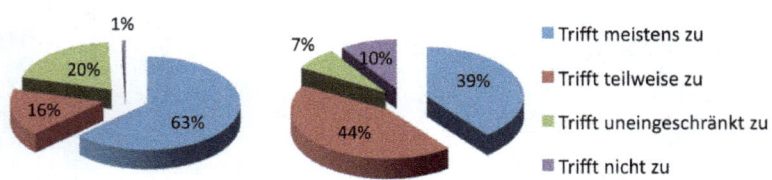

Auch die Beantwortung der Frage nach der Informationsweitergabe fällt eindeutig zu Gunsten sehr guter Leitung aus. Zwanzig Prozent „Trifft uneingeschränkt zu" zu sieben Prozent bzw. ein Prozent „Trifft nicht zu" zu zehn Prozent dokumentiert den gravierenden Unterschied.

Besonders wichtig ist die Kommunikation zwischen der Gemeindeleitung und den Mitarbeitern und Mitarbeiterinnen. Dieser Bereich überschneidet sich mit dem der Mitarbeiterführung und wurde schon unter Punkt 4.3.2 ausgeführt.

4.4.5. Zusammenfassung

In diesem Kapitel wurde gezeigt, dass effektive Leitung „das Richtige tun" bedeutet, oder mit anderen Worten, die Gemeinde „auf Kurs" halten. Dabei geht es darum, der Gemeinde stets vor Augen zu halten, was Gottes Auftrag, der Zweck, an sie ist. Die Gemeindeleitungen haben dazu beizutragen, dass dieser Auftrag erkannt und so gut wie möglich umgesetzt wird. Dazu gibt es keine Patentrezepte, sondern ein aktives Handeln, ein Agieren statt Reagieren ist in allen Gemeindesituationen gefordert. Vergleichbar mit einer Art „Werkzeugkasten" aus dem der Handwerker das Werkzeug verwendet, das er für die jeweilige Arbeit gerade benötigt. Effektive Leitungen wissen, welche Entscheidungen oder Handlungen in der jeweiligen Situation zu welcher Zeit zu setzen sind. In Rahmen dieser Arbeit ist es nicht möglich, den gesamten „Werkzeugkasten" für Gemeindeleitungen abzubilden. Jedoch wurden vier wesentliche Aufgaben beschrieben und deren Wichtigkeit in der Auswirkung auf die Effektivität der Gemeinde nachgewiesen.

Die Grafiken zeigen folgendes Ergebnis:

So bewerte ich die Leitung in unserer Gemeinde

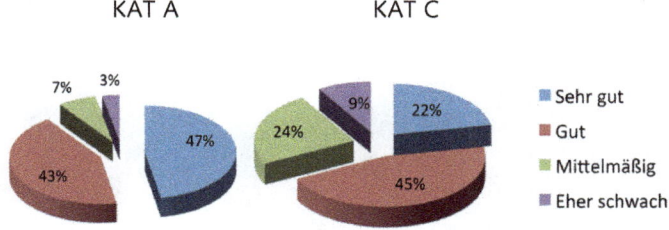

KAT A Gemeinden haben demnach viel effektivere Leitungen als KAT C Gemeinden. Der Vergleich der Ergebnisse 47 Prozent zu 22 Prozent „sehr gut" bzw. zehn Prozent zu 33 Prozent „mittelmäßig/schwach" fällt eindeutig aus. Damit ist die Hypothese „effektive Gemeinden haben effektive Gemeindeleitungen" als bestätigt anzusehen. Ergänzend sei festgehalten, dass die Frage nach der Leitung auch zahlenmäßig ausgewertet und gereiht wurde. Dabei zeigte sich, dass KAT A die ersten Plätze belegten und dadurch die Bestätigung der Hypothese noch zusätzlich untermauert wird.

In weiterer Folge wurde untersucht, in welchen Bereichen sich „sehr gute" Leitungen von „mittelmäßig/schwachen" Leitungen unterscheiden. Unter Punkt 4.3. wurden vier Aufgaben ausführlich untersucht. Vision und Auftrag erkennen und vermitteln, Mitarbeiterführung, Konfliktlösung und Kommunikation sind jene Bereiche, in denen sich sehr gute Leitungen deutlich abheben. Es konnte durch die Forschung nachgewiesen werden, dass diese vier Themenbereiche, wenn sie von einer

Gemeindeleitung kompetent bearbeitet werden, zu effektiver Leitung gehören. Diese Aufgaben gehören jedenfalls zu Leitungsaufgaben und sind bei erfolgreicher Bewältigung den „Gaben der Leitungen" zuzuordnen.

5. Schlussfolgerung und Ausblick

Mit dieser Arbeit wollte ich die Forschungsfrage beantworten, ob und in welcher Weise sich das Vorhandensein der sogenannten Gabe der Leitung (κυβερνήσις, *kybernēsis* 1Kor 12,28) innerhalb der Gemeindeleitung auf die Effektivität einer Ortsgemeinde auswirkt. Im Rahmen des ausgewählten Forschungsfeldes kann diese Frage am Ende dieser Arbeit mit „Ja" beantwortet werden. „Effektive Gemeinden" haben „effektive Gemeindeleitungen". Die Verknüpfung dieser beiden Bereiche wurde ausführlich dargelegt und nachgewiesen.

Ausgehend vom biblischen Befund der Wortbedeutung κυβερνήσις, *kybernēsis* wurde in Kapitel 3. ausführlich dargelegt, was unter einer „effektiven Gemeinde" zu verstehen ist. Effektivität bedeutet „das Richtige zu tun", im Vergleich zu Effizienz „etwas richtig zu tun". Eine Gemeinde ist effektiv, wenn die, durch eine persönliche Beziehung zu Jesus Christus, in einer lebendigen Gemeinschaft lebenden wiedergeborenen Menschen an einem bestimmten Ort und zu einer bestimmten Zeit das Richtige, nämlich den biblischen Auftrag Gottes an sie, erkennen und das Erkannte so richtig wie möglich tun.

Die detaillierte Analyse der Onlineumfrage lieferte die Unterscheidung zwischen Gemeinden der KAT A (effektive Gemeinden) und Gemeinden der KAT C (wenig effektive Gemeinden). Die nachfolgenden Tabellen zeigen die Abweichung zwischen den KAT A Gemeinden zu den KAT C Gemeinden innerhalb der Aufträge und der Bereiche in Zahlen ausgedrückt.

Gemeinden der KAT A erfüllen ihren Auftrag nach außen deutlich besser als Gemeinden der KAT C. Die Abweichung in Höhe von 17,7 Prozent ist die größte Abweichung zwischen den drei Aufträgen von Gemeinden.

	KAT A	KAT C	Abw. in Prozent
Auftrag nach außen	42,65	35,11	17,7 Prozent
Auftrag nach innen	32,67	28,88	11,6 Prozent
Auftrag nach oben	33,16	29,16	12,1 Prozent

Von den sechzehn Bereichen (siehe Pkt. 1.4) werden hier jene fünf abgebildet, bei denen die größten Abweichungen zwischen den Gemeinden der KAT A und KAT C bestehen. Dabei weist der Bereich Seelsorge mit 38,5 Prozent Abweichung den mit Abstand höchsten Wert aus.

	KAT A	KAT C	Abw. in Prozent
Seelsorge	32,97	20,28	38,5 Prozent
Auftrag	44,39	33,81	23,8 Prozent
Predigt	47,07	37,56	20,2 Prozent
Evangelisation	41,16	33,12	19,5 Prozent
Kommunikation	34,06	28,10	17,5 Prozent

Im 4. Kapitel wurde das Thema „effektive Gemeindeleitung" beleuchtet, wobei Effektivität ebenso wie im Kapitel 3. für „das Richtige tun" steht. Effektiv ist eine Gemeindeleitung dann, wenn sie die Gemeinde „auf Kurs" hält und ihr stets den Auftrag Gottes vor Augen hält. Die Auswertung der Onlinebefragung zeigte, dass die Gemeindeleitungen von KAT A Gemeinden deutlich bessere Bewertungen erhielten als Gemeindeleitungen von KAT C Gemeinden.

Am Ende sei nochmals ausdrücklich darauf hingewiesen, dass die getroffenen Aussagen innerhalb des Forschungsfeldes BEG gültig sind. Es wurden Messungen und Bewertungen von BEG Gemeinden durchgeführt und untereinander verglichen, da keine objektiven, externen Parameter existieren. Trotzdem können die Ergebnisse dieser Forschung auch für andere österreichische Gemeinden eine wertvolle Hilfe für ihren Dienst sein. Es ist wünschenswert, dass die Grundlagen dieser Forschung als Basis für weitere Arbeiten in diesem Bereich dienen. Insbesondere wäre die Durchführung dieser Forschung in anderen Denominationen angezeigt, um auch interdenominationale Unterschiede sichtbar zu machen. Dadurch könnten wertvolle Hinweise erarbeitet werden, die eine Aufstellung von objektiven, in Österreich gültigen Parametern für effektive Leitung ermöglichen.

6. Nachwort: Und, was jetzt?

Diese Arbeit lieferte umfangreiche, wertvolle Hinweise für Gemeindeleitungen. Viele Ortsgemeinden erhielten detaillierte Auswertungen. Aber was jetzt? Die nachfolgenden Anregungen können eine Hilfe für weitere Schritte sein.

1. Klaren Kopf bewahren

Die Ergebnisse aus der Umfrage müssen mit einer gewissen Distanz betrachtet werden. Die Umfragedaten liefern keine absoluten Werte, sondern machen Themenkomplexe sichtbar, die einer genaueren Prüfung bedürfen. Dabei ist unbedingt darauf zu achten, dass nicht nur die Wachstumsbereiche im Fokus sind, sondern auch die positiven Bereiche. Diese gibt es in jeder Gemeinde und sie müssen wahrgenommen und wertgeschätzt werden. Die Analysen dürfen nicht dazu missbraucht werden, eine oder mehrere schuldige Personen ausfindig zu machen. Sie sollten ausschließlich als Informationsquelle für Veränderungsstrategien dienen.

2. Nicht alles auf einmal

Konzentrieren Sie sich auf maximal drei Themenbereiche. Jede Veränderung bedarf längerer Prozesse die gut geplant und bis zum Ende begleitet gehören. Deshalb bedarf es einer sorgfältigen Auswahl jener Bereiche, die einer Erneuerung bedürfen, damit es nicht zu einer Überforderung der Gemeinde kommt. In diesem Fall ist „Weniger" mehr.

3. Der Realität ins Auge blicken

Gehen Sie bei den ausgewählten Themen in die Tiefe. Stellen Sie weitere Fragen und diskutieren Sie mit Ihren Gemeindegliedern. Widerstehen Sie dabei der Versuchung sich zu rechtfertigen, oder die Situation zu beschönigen.

4. Das Ziel definieren

Veränderungsprozesse gelingen nur, wenn das Ziel genau festgelegt wird. Da es sich bei allen Themen dieser Arbeit um geistliche Ziele handelt, ist eine intensive Auseinandersetzung mit dem Wort Gottes von grundlegender Bedeutung. Jedes Handeln muss sich an der Heiligen Schrift messen lassen. Erst wenn darüber Klarheit besteht, können die richtigen Wege beschritten werden.

5. Der Blick von außen

Holen Sie sich einen „Blick von außen", da die „Betriebsblindheit" vor der Gemeinde nicht Halt macht. Unvoreingenommene und unbelastete Personen liefern sehr oft wertvolle Impulse in Veränderungsprozessen, da sie als objektive Beobachter kritische Fragen stellen können, ohne die persönlichen Beziehungen innerhalb einer Gemeinde zu belasten.

6. Feiern nicht vergessen

Bei allen Herausforderungen, die der Dienst eines Gemeindeleiters mit sich bringt, darf nicht vergessen werden, dass die Gemeinde, die Braut Christi, die Herrlichkeit Gottes widerspiegelt. Jede Ortsgemeinde ist ein Wunder Gottes, für das ihm Lob, Preis, Ehre und Dank zu bringen ist. Diese Danksagung drückt sich am Besten im Feiern der vielen positiven Aspekte des Gemeindelebens aus, und derer gibt es in jeder Gemeinde viele. Suchen Sie diese Bereiche, schreiben Sie sie nieder, teilen Sie diese mit anderen und feiern Sie als Gemeinde!

Diese Anregungen sollen dazu dienen, konkrete Schritte zu gehen. Denn Umfragen oder Gemeindeanalysen, die in der Schublade verschwinden helfen nicht weiter. Wenn Sie Interesse an der Durchführung dieser Umfrage in Ihrer Gemeinde haben, wenden Sie sich bitte an umfrage@evak.at.

7. Abkürzungsverzeichnis

7.1. Abkürzungen biblischer Bücher

1Mo	Das erste Buch Mose/Genesis
2Mo	Das zweite Buch Mose/Exodus
4Mo	Das vierte Buch Mose/Numeri
5Mo	Das fünfte Buch Mose/Deuteronomium
Jos	Das Buch Josua
Ri	Das Buch der Richter
1Sa	Das erste Buch Samuel
1Kö	Das erste Buch der Könige
2Kö	Das zweite Buch der Könige
Neh	Das Buch Nehemia
Hi	Das Buch Hiob
Ps	Die Psalmen
Spr	Die Sprüche
Jes	Der Prophet Jesaja
Jer	Der Prophet Jeremia
Mi	Der Prophet Micha
Mt	Das Evangelium nach Matthäus
Mk	Das Evangelium nach Markus
Lk	Das Evangelium nach Lukas
Joh	Das Evangelium nach Johannes
Apg	Die Apostelgeschichte
Röm	Der Brief an die Römer
1Kor	Der erste Brief an die Korinther
2Kor	Der zweite Brief an die Korinther
Gal	Der Brief an die Galater

Eph	Der Brief an die Epheser
Phil	Der Brief an die Philipper
Kol	Der Brief an die Kolosser
1Thes	Der erste Brief an die Thessalonicher
1Tim	Der erste Brief an Timotheus
2Tim	Der zweite Brief an Timotheus
Tit	Der Brief an Titus
Hebr	Der Brief an die Hebräer
Jak	Der Brief des Jakobus
1Petr	Der erste Brief des Petrus
2Petr	Der zweite Brief des Petrus
Offb	Die Offenbarung

7.2. Allgemeine Abkürzungen

AT	Altes Testament
B/R	Die Schrift, Buber Martin; Rosenzweig Franz
BEGÖ	Bund evangelikaler Gemeinden Österreich
BHS	Biblia Hebraica Stuttgartensia
bzw.	Beziehungsweise
ca.	Cirka
d.h.	Das heißt
engl.	Englisch
EÜ 2	Einheitsübersetzung (neue Rechtschreibung)
GNB	Gute Nachricht Bibel
JHD	Jahrhundert
JTD	Jahrtausend
KAT	Kategorie
LU 1912	Luther Bibel (1912)

Abkürzungsverzeichnis

LU 84	Die Bibel nach der Übersetzung Martin Luthers (1984)
LXX	Septuaginta, griechisches AT
MENGE	Die Heilige Schrift, übersetzt von Hermann Menge
MNT	Münchner Neues Testament (Studienübersetzung)
NPO	Non Profit Organisationen
NT	Neues Testament
o.a.	Oben angeführt
o.Ä.	Oder Ähnliches
p.a.	Pro Jahr
REB	Die Bibel. Elberfelder Übersetzung, revidierte Fassung
S.	Seite
s.	siehe
SESB	Stuttgarter Elektronische Studienbibel
SUBST	Substantiv
usw.	Und so weiter
z.B.	zum Beispiel
ZB 2007	Zürcher Bibel
ZSHG	Zusammenhang

8. Literaturverzeichnis

Beer, D. (2005). Wie Gemeinde wachsen kann. Riehen/Basel: arteMedia

Bono, M. (2010). Performance Management in NPOs. Steuerung im Dienste sozialer Ziele. Baden-Baden: Nomos Verlagsgesellschaft

Böckel, H. (1999). Gemeindeaufbau im Kontext charismatischer Erneuerung. Theoretische und empirische Rekonstruktion eines kybernetischen Ansatzes unter Berücksichtigung wesentlicher Aspekte selbstorganisierender sozialer Systeme. Leipzig: Evangelische Verlagsanstalt GmbH

Clinton, J. (2006). Der Werdegang eines Leiters. Lektionen und Stufen in der Entwicklung zur Leiterschaft, 3. Auflage. Ruswil: profimusic GmbH

Cole, N. (2008). Organische Gemeinde. Wenn sich das Reich Gottes ganz natürlich ausbreitet. Bruchsal: GloryWorld-Medien

Covey, S. (2009). Die 7 Wege zur Effektivität. Prinzipien für persönlichen und beruflichen Erfolg, 15. Auflage. Offenbach: Gabal Verlag GmbH

Dever, M. (2009). 9 Merkmale einer gesunden Gemeinde. Waldems: 3L Verlag gemeinnützige GmbH

Donahue, B. & Robinson, R. (2003). Gemeinschaft die Leben verändert. Praktische Schritte zu einer Kleingruppen-Gemeinde. Asslar: Gerth Medien GmbH

Drucker, P. (2010). Was ist Management? Das Beste aus 50 Jahren, 6. Auflage. Berlin: Ullstein Buchverlage GmbH

Drucker, P. (2010). Ursprünge des Totalitarismus. Das Ende des Homo Oeconomicus. Wien: Karolinger

Drucker, P. (2009). Die fünf entscheidenden Fragen des Managements. Weinheim: WILEY-VCH

Drucker, P. & Paschek, P. (2007). Kardinaltugenden effektiver Führung. Mit Beiträgen von Fredmund Malik, Herman Simon, Bill Emmott, Mathias Döpfner und weiteren namhaften Autoren. Heidelberg: Redline GmbH

Drucker, P. (2006). Die Kunst des Managements. 3. Auflage. Berlin: Ullstein Buchverlage GmbH

Dünnebeil, W. (2004). Wenn die Herde den Hirten jagt. Gießen: Brunnen

Fleming, K. (2001). Biblische Prinzipien des Gemeindewachstums. Was wir von den Gemeinden des Neuen Testaments lernen können. Bielefeld: Betanien Verlag Hans-Werner Deppe

Forman, R. & Jones, J. & Miller, B. (2010). Den Leiterschaftsstab weitergeben. Eine gezielte Strategie zur Entwicklung von Leitern in ihrer Gemeinde. Marburg an der Lahn: Verlag der Francke-Buchhandlung GmbH

Gehring, R. (2000). Hausgemeinde und Mission. Die Bedeutung antiker Häuser und Hausgemeinschaften – von Jesus bis Paulus. Gießen: Brunnen

Getz, G. (2006). Kompetent leiten & führen. Eine Biblische Historische & Kulturelle Perspektive. Marburg an der Lahn: Verlag der Francke-Buchhandlung GmbH

Getz, G. (1992). Der Mann aus biblischer Sicht, 3. Auflage. Kreuzerlingen: Dynamis

Getz, G. (1981). Die Gemeinde aus biblischer Sicht. Kreuzerlingen: Dynamis

Hawkins, G. & Parkinson, C. (2010). Wachsen – Praktische Folgen der REVEAL-Studie. Was der Vanillefaktor mit geistlichem Wachstum zu tun hat. Asslar: Gerth Medien GmbH

Hawkins, G. & Parkinson, C. (2009). Prüfen – Aufrüttelnde Erkenntnisse der REVAEL-Studie. Die harte Wahrheit über Gemeindeleben und geistliches Wachstum. Asslar: Gerth Medien GmbH

Henrichsen, W. (1989). Machet zu Jüngern. Wie man anderen hilft, in der Jüngerschaft zu wachsen. Bielefeld: Christliche Literatur-Verbreitung

Hybels, B. (2009). Die Kunst des Führens. Meine Führungsprinzipien auf den Punkt gebracht. Stuttgart: Deutsche Bibelgesellschaft

Hybels, B. (2008). Als Christ erfolgreich führen. Was Sie zu einer effektiven Führungskraft macht. Asslar: Gerth Medien GmbH

Hybels, B. (2005). Die Mitarbeiter-REVOLUTION. Begeistert in der Gemeinde mitarbeiten. 2. Auflage. Asslar: Gerth Medien GmbH

Jagelman, I. (2002). Leiten – Dienen – Zukunft bauen. In der Gemeinde Menschen führen, Teams fördern, Wachstum erleben. Gießen: Brunnen

Kasdorf, H. (1976). Gemeindewachstum als missionarisches Ziel. Bad Liebenzell: Verlag der Liebenzeller Mission

Kennedy, J. (1981). Handbuch für Gemeindewachstum, 2. Auflage. Bad Liebenzell: Verlag der Liebenzeller Mission

Kessler, V. (2012). Vier Führungsprinzipien der Bibel, Dienst, Macht, Verantwortung und Vergebung, Gießen: Brunnen

Knoblauch, J & Marquardt, H. (2001). Mit Werten in Führung gehen. Konzepte christlicher Führungskräfte. Gießen: Brunnen

Krallmann, G. (2000). Von der Begabung zur Befähigung. 10 Schlüssel zur geistlichen Leiterschaft. Holzerlingen: Hänssler

Kuen, A. (1975). Gemeinde nach Gottes Bauplan. Neuhausen-Stuttgart: Hänssler

Lancaster, J. (2000). Totgesagt doch quicklebendig. Gemeinde mit starkem Fundament für eine dynamische Zukunft. Erzhausen: Leuchter Edition GmbH

Liebelt, M. (2000). Allgemeines Priestertum, Charisma und Struktur. Grundlagen für ein biblisch-theologisches Verständnis geistlicher Leitung. Wuppertal: R. Brockhaus

Lloyd-Jones, D. (2003). Gott und seine Gemeinde. Von Anfang bis Endzeit. Friedberg: 3L Verlag

Logan, R. & George, C. (1995). Das Geheimnis der Gemeindeleitung. Leiterschaftstraining für Pastoren und ihre wichtigsten Mitarbeiter, 2. Auflage. Emmelsbüll: C & P Verlags-GmbH

Lutzer, E. (2003). Ideale Gemeinde sucht perfekten Pastor. Gießen: Brunnen

MacArthur, J. (2002). Die lebendige Gemeinde. Der Plan des Baumeisters für seine Gemeinde. Berlin: Europäisches Bibel-Trainings-Centrum Berlin

Maxwell, J. (2009). Das Maxwell Konzept. Entwickeln Sie ihre Führungsqualität. Weinheim: WILEY-VCH

Maxwell, J. (2002). Leadership. Die 21 wichtigsten Führungsprinzipien, 3. Auflage. Gießen: Brunnen

Mauerhofer, A. (2010). Gemeindebau nach biblischem Vorbild. 2. verbesserte und aktualisierte Auflage. Nürnberg: VTR

Mauerhofer, E. (2011). Biblische Dogmatik. Überarbeitete Vorlesungen. Nürnberg: VTR

Ortberg, J. & Pederson, L. ƒ & Poling, J. (2003). Geistliches Wachstum. Trainieren statt probieren. 2. Auflage. Asslar: Gerth Medien GmbH

Peters, G. (1982). Gemeindewachstum. Ein theologischer Grundriß. Bad Liebenzell: Verlag der Liebenzeller Mission

Petersen, H. (2005). Ohne mich läuft nichts! Der (un)fromme Hunger nach Macht. Wuppertal: R. Brockhaus

Piper, J. (2006). IHN verkündigen wir. Die Zentralität Gottes in Predigt und Verkündigung. Oerlinghausen: Betanien Verlag e.K.

Plock, W. (2004). Gott ist nicht pragmatisch. Wie Zweckmäßigkeitsdenken die Gemeinde zerstört. Oerlinghausen: Betanien Verlag e.K.

Literaturverzeichnis

Pritchard, G. (1997). Willow Creek. Die Kirche der Zukunft? Bielefeld: Christliche Literatur-Verbreitung e.V.

Reinhardt, W. (1995). Das Wachstum des Gottesvolkes. Biblische Theologie des Gemeindewachstums. Göttingen: Vandenhoeck und Ruprecht

Reinke, J. & Tischler, J. (1998). Dynamisch leiten. Entwurf eines freikirchlichen Leitungsverständnisses. Witterschlick/Bonn: Druck & Verlag M. Wehle

Rosenthal, C. & Schreiber M., (2009). Führungskräfte der Bibel. Management mit Noah, Mose und Paulus. Holzgerlingen: Hänssler

Sanders, J. (2003). Geistliche Leiterschaft. Führungsaufgaben in Gemeinde und Mission. Bielefeld: Christlicher Missions-Verlag

Schalk, C. (2003). Leichter leben lernen. Die 6 Geheimnisse eines erfolgreichen Lebens nach Gottes Plan. Emmelsbüll: C & P Verlag

Schindler, D. (2010). Das Jesus Modell. Gemeinden gründen wie Jesus. Witten: Brockhaus im SCM-Verlag GmbH

Schwarz, C. (2009). Die 3 Farben deiner Spiritualität. 9 geistliche Stile: Wie drückt sich Ihr Glaube am natürlichsten aus? Gütersloh: C & P Verlagsgesellschaft

Schwarz, C. (2006). Natürliche Gemeindeentwicklung. Nach den Prinzipien, die Gott selbst in seine Schöpfung gelegt hat. 4. Auflage. Emmelsbüll: C & P Verlag

Schwarz, C. (2001). Die 3 Farben deiner Gaben. Wie jeder Christ seine geistlichen Gaben entdecken und entfalten kann. Emmelsbüll: C & P Verlag

Shenk, D. & Stutzman, E. (1992). Neue Gemeinden. Gemeindegründung im Neuen Testament und heute. Lörrach: Wolfgang Simson Verlag

Simon, H. (2009). THINK – Strategische Unternehmensführung statt Kurzfrist-Denke. Frankfurt/Main: Campus Verlag GmbH

Stadelmann, H. (1998). Bausteine zur Erneuerung der Kirche. Gemeindeaufbau auf der Basis einer biblisch erneuerten Ekklesiologie. Gießen: Brunnen

Stanley, A. (2008). Von der Vision zur Wirklichkeit. Wie Sie Ihr Ziel im Blick behalten. Asslar: Gerth Medien GmbH

Stanley, A. (2007). Next Generation Leader. Was man wissen muss, wenn man die Zukunft gestalten will. Gießen: Brunnen

Strauch, A. (2003). Zusammen wirksam leiten. Ein praktischer Ratgeber zur Durchführung von Ältestentreffen und Leitungskreisen. Dillenburg: Christliche Verlagsgesellschaft

Toews, J. (1991). Gemeinde leben. Ein biblisches Konzept. Bielefeld: LOGOS Verlag GmbH

Tozer, A. (2002). Gott liebt keine Kompromisse. Anspruch & Herausforderung. Holzerlingen: Hänssler

Warren, R. (1998). Kirche mit Vision. Gemeinde, die den Auftrag Gottes lebt. Asslar: Projektion J

Willard, D. (2002). Das Geheimnis geistlichen Wachstums. Asslar: Gerth Medien

Yohn, R. (1978). Gemeinde lebt von Gottes Gaben. Wie wir unsere Geistesgaben entdecken und in der Gemeinde einsetzten können. Wuppertal: R. Brockhaus

Zindel, D. (2003). Geistesgegenwärtig führen – Spiritualität und Management. Seewis/GR: Scesaplana

Die Evangelikale Akademie Österreich

Missionsstatement

„Die Evangelikale Akademie (EVAK) rüstet Christen mit einer bibeltreuen theologischen Ausbildung für Dienst und Leiterschaftsaufgaben aus."

Die EVAK bildet Männer und Frauen praxisbezogen auf verschiedenen Abschlussniveaus aus

- das Wachstum und die Vervielfältigung von Gemeinden fördernd
- vorwiegend für den Dienst und für die Erfordernisse der freikirchlichen Gemeinden Österreichs, aber auch in der weltweiten Mission
- möglichst gemeindenah und mit Dozenten und Mentoren mit einem starken Praxisbezug
- flexibel auf ihre Bedürfnisse und Möglichkeiten eingehend
- in Studienzentren in mehreren Regionen Österreichs

Eine theologische Ausbildungsstätte in Österreich

Die EVAK hilft den Gemeinden in Österreich, die dringend gebrauchten Pastoren, Leiter sowie leitenden Mitarbeiter auszubilden. Männer und Frauen können an der EVAK umfassend auf ihren jeweiligen Dienst vorbereitet werden.

Als eine direkt in Österreich positionierte Ausbildungsstätte kann die EVAK optimal auf die speziellen Bedürfnisse dieses Landes eingehen.

Eine Ausbildung an der EVAK bietet nicht nur die Nähe zur eigenen Heimatgemeinde, sondern unterstützt ein vertieftes Kennenlernen der österreichischen Gegebenheiten und das Knüpfen von Beziehungen im Land. Durch die aktive Mitarbeit aller Dozenten sowie der Studenten in verschiedenen Gemeinden, fließt automatisch die Beschäftigung mit den Herausforderungen der österreichischen Christen und Gemeinden ein.

Ein Studium an der EVAK ist vollzeitig oder teilzeitig und berufsbegleitend möglich.

Hauptzielgruppe sind jene Personen, die einen teil- oder vollzeitigen Dienst in Gemeinde oder Mission anstreben.

Mit ihrem modernen, flexiblen Konzept ist die EVAK in der Lage, sowohl den Bedürfnissen der Gemeinden als auch denen der Studenten entgegen zu kommen.

Studienmethodik

Die EVAK-Studienmethodik besteht aus folgenden Elementen und Modulen:

- Vorlesungen im Studienzentrum (später Nachmittag und Abend)
- Blockseminare (meist Freitag-Samstag)
- BAO (Biblische Ausbildung am Ort)-Kurse (angeleitetes Selbststudium und zielführende Gruppendiskussion)
- angeleitetes und begleitetes Selbststudium
- maßgeschneiderte Praxis
- Begleitung durchs Studium bis in den Dienst durch einen Mentor

Die EVAK betreibt bisher zwei Studienzentren, das Hauptstudienzentrum in Wien mit der Möglichkeit eines Vollzeitstudiums und das Studienzentrum Süd mit den Unterrichtsorten Graz und Villach.

Studienprogramme und Abschlüsse

Diplom I

60 ECTS-Credits, entspricht einem Jahr Bibelschule (Voraussetzung: keine)

Diplom III

Akkreditiert durch die European Evangelical Accrediting Association (EEAA) 180 ECTS-Credits, auf dem Niveau eines Bachelors (Voraussetzung: Matura, Berufsausbildung mit entsprechender Berufspraxis)

Diplom IV

120 ECTS-Credits, auf dem Niveau eines Masters (M.A.) (Voraussetzung: Bachelor oder Äquivalent. Studieneingangsphase von 20 ECTS-Credits zusätzlich für Quereinsteiger)

Anschrift:
Evangelikale Akademie
Beheimgasse 1, A-1170 Wien
Tel.: +43 (0) 1 812 38 60
E-Mail: info@evak.at
Web: www.evak.at

www.ingramcontent.com/pod-product-compliance
Lightning Source LLC
Chambersburg PA
CBHW071742040426
42446CB00012B/2434